これからの保育に！
毎日コツコツ役立つ
保育のコツ 50

フレーベル館

はじめに

　子ども・子育て支援新制度が発足し、基本的にすべての幼稚園・保育所・認定こども園が同じ制度下のものとなりました。そこでは、待機児童解消など保育の量的な拡充が進められますが、もう一つ大事なことは、保育の質の向上を進めていくことです。

　もちろん、今までも幼稚園・保育所それぞれが努力して、その質を良くしてきたのです。しかし、保育へのニーズが変わりつつあり、幼稚園も保育所も相互に接近して、時には認定こども園になることもあるなかで、改善し、向上させていくべき課題が増えてきました。

　世の中からの保育・幼児教育への期待がこれまで以上に高まってきています。乳幼児期は、小学校以上の教育の基礎であり、生涯にわたる成長の土台を築く時期でもあります。その保育・教育のあり方次第で、子どものその後は大きく変わることが国際的な調査によりわかってきたのです。だからこそ、新任保育者も経験者も、自身の保育を向上させることが今まで以上に求められます。

　その要点を本書に書きました。質の向上に向けて、ぜひ工夫をしていってほしいと願っています。

　　　　　　　　　　　　　　　　無藤　隆

この本の特長

この本は、まるごと1冊"保育のコツ"を紹介しています。見開きで1テーマ、毎日の保育の中で「こう考えるといいですよ」「こうやるといいですよ」といった"コツ"をまとめました。

① 例えば8〜9ページでは、「身体運動の進め方の"コツ"」を取り上げています。

② コツをぎゅっと凝縮したキーワードです。

③ ここでは、基本的な考え方・実践のコツを紹介しています。考え方がわかれば保育につなげやすくなります。

④ コツをより詳しく解説しています。

⑤ 日常保育の中でありがちな出来事を、新人保育者の日記風に紹介します。コツを理解するヒントになります。

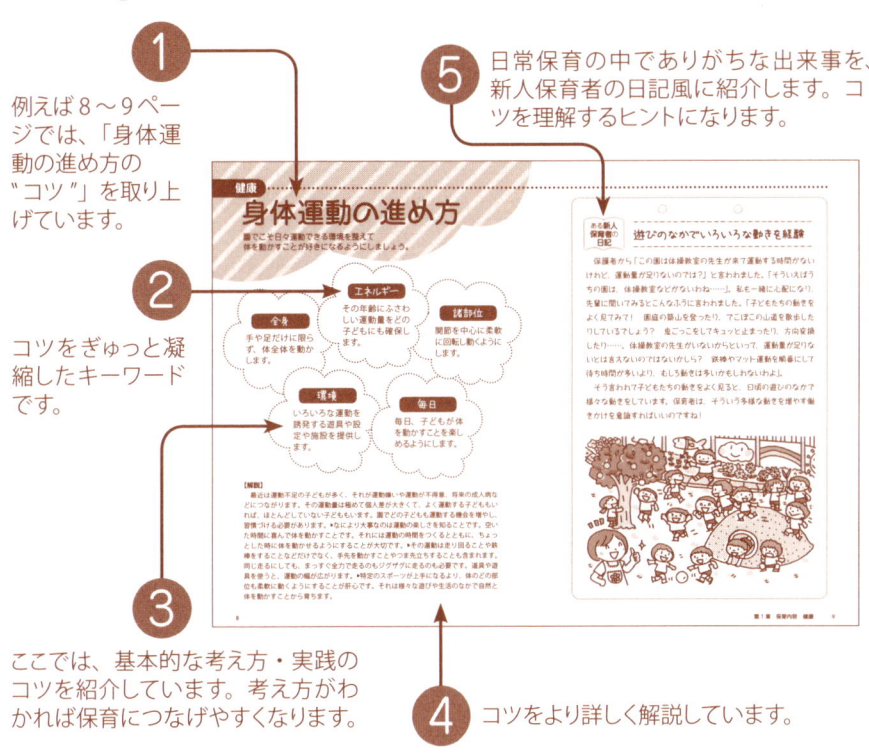

【使い方】
気になるテーマを確認してください。保育の前に見ると効果的です。

↗ ステップアップ！
❷の「キーワード」だけを見て、コツを思い浮かべてみてください。
園内研修にもおすすめです。

CONTENTS

第1章 保育内容

健康
- 身体運動の進め方 …………………………………… 8
- 生活習慣と生活リズムを育てる ……………………… 10
- すべり台を楽しむ ……………………………………… 12
- 砂場遊びを充実させる ………………………………… 14
- 食育の進め方 …………………………………………… 16

人間関係
- 個々の子どもを大事にする …………………………… 18
- 自立心を育てる ………………………………………… 20
- 道徳性の芽生えを培う ………………………………… 22
- 協同的活動として遊びを発展させる ………………… 24
- 異年齢交流の活動（年長児が年少児を招待する活動）…… 26

環境
- 自然に親しむ …………………………………………… 28
- 科学的思考の芽生えを育てる ………………………… 30
- 図鑑の使い方 …………………………………………… 32
- 数量への関心を育てる ………………………………… 34
- 図形の基本をわかる …………………………………… 36

言葉
- 言葉による伝え合い …………………………………… 38
- 絵本の読み聞かせ ……………………………………… 40
- 絵本コーナーをつくる ………………………………… 42
- ひらがなを読む活動の進め方 ………………………… 44
- ひらがなを書く活動の進め方 ………………………… 46

表現
- "表現"を理解する ……………………………………… 48
- 身体表現とは …………………………………………… 50
- 音楽表現の始まり ……………………………………… 52
- 造形表現の基本 ………………………………………… 54
- 行事の際の造形表現（お面などを例に）…………… 56

Column 1　様々な保育施設 ……………………………… 58

第2章
様々な連携

家庭・保護者との連携……………………………… 60
地域との連携………………………………………… 62
同僚同士の連携……………………………………… 64
小学校との連携……………………………………… 66
幼稚園と保育所、認定こども園の共通性………… 68

> **Column 2** 「早期教育」と「幼児教育」と「小学校教育」……………… 70

第3章
様々なニーズに合わせた保育

預かり保育・延長保育……………………………… 72
縦割り保育・異年齢保育…………………………… 74
乳児保育……………………………………………… 76
通園バスを使う時…………………………………… 78

> **Column 3** 文字や数をどう扱えばいい？………… 80

第4章
指導計画

教育課程・保育課程と指導計画のつながり……… 82
子どもの姿から始める……………………………… 84
指導計画を柔軟なものにする……………………… 86
振り返りと省察を進める…………………………… 88

> **Column 4** 園で動植物に接するわけは……………… 90

CONTENTS

第5章 保育室の環境

保育室の環境のあり方 ……………………………………………… 92
保育室の掲示のあり方 ……………………………………………… 94

Column 5　保育教諭って何？ …………………………… 96

第6章 行事

運動会のつくり方 …………………………………………………… 98
遠足の考え方 ………………………………………………………… 100
作品展・発表会を協同的学びにつなげる ………………………… 102
入園式・卒園式を意味のある行事にする ………………………… 104

Column 6　感性を豊かにするには ……………………… 106

第7章 保育者が出合う問題

保育者の働きかけ …………………………………………………… 108
保育者の声の出し方 ………………………………………………… 110
気になる子どもへの対応 …………………………………………… 112
気になる子どもの保護者への対応 ………………………………… 114
嘘をつく子どもへの対応（相談事例から）……………………… 116
ほかの人の保育から学ぶ …………………………………………… 118

第1章
保育内容

毎日の保育のなかで
「もっとうまくできたらいいなあ」と
思うことはありませんか？
この章では「健康」「人間関係」「環境」
「言葉」「表現」の5つの領域から、
保育をうまく進めるコツを
見ていきます。

健康
身体運動の進め方

園でこそ日々運動できる環境を整えて
体を動かすことが好きになるようにしましょう。

全身
手や足だけに限らず、体全体を動かします。

エネルギー
その年齢にふさわしい運動量をどの子どもにも確保します。

諸部位
関節を中心に柔軟に回転し動くようにします。

環境
いろいろな運動を誘発する遊具や設定や施設を提供します。

毎日
毎日、子どもが体を動かすことを楽しめるようにします。

【解説】
　最近は運動不足の子どもが多く、それが運動嫌いや運動が不得意、将来の成人病などにつながります。その運動量は極めて個人差が大きくて、よく運動する子どももいれば、ほとんどしていない子どももいます。園でどの子どもも運動する機会を増やし、習慣づける必要があります。▶なにより大事なのは運動の楽しさを知ることです。空いた時間に喜んで体を動かすことです。それには運動の時間をつくるとともに、ちょっとした時に体を動かせるようにすることが大切です。▶その運動は走り回ることや鉄棒をすることなどだけでなく、手先を動かすことやつま先立ちすることも含まれます。同じ走るにしても、まっすぐ全力で走るのもジグザグに走るのも必要です。道具や遊具を使うと、運動の幅が広がります。▶特定のスポーツが上手になるより、体のどの部位も柔軟に動くようにすることが肝心です。それは様々な遊びや生活のなかで自然と体を動かすことから育ちます。

> ある新人保育者の日記

遊びのなかでいろいろな動きを経験

　保護者から「この園は体操教室の先生が来て運動する時間がないけれど、運動量が足りないのでは？」と言われました。「そういえばうちの園は、体操教室などがないわね……」。私も一緒に心配になり、先輩に聞いてみるとこんなふうに言われました。「子どもたちの動きをよく見てみて！　園庭の築山を登ったり、でこぼこの山道を散歩したりしているでしょう？　鬼ごっこをしてキュッと止まったり、方向変換したり……。体操教室の先生がいないからといって、運動量が足りないとは言えないのではないかしら？　鉄棒やマット運動を順番にして待ち時間が多いより、むしろ動きは多いかもしれないわよ」。

　そう言われて子どもたちの動きをよく見ると、日頃の遊びのなかで様々な動きをしています。保育者は、そういう多様な動きを増やす働きかけを意識すればいいのですね！

第1章　保育内容　健康

健康

生活習慣と生活リズムを育てる

どんなことも1回だけではなく、
毎日のようにくり返すことで身につきます。

わくわく
楽しいことや憧れをもてることなら、子どもはすぐにやろうとします。

くり返し
習慣とは毎日のようにくり返すことが当たり前になってこそ役立ちます。

メリハリ
集中したり、のんびりとしたりというリズムが1日の流れをつくります。

家庭
習慣と生活リズムは家庭と一緒になって取り組むことで育ちます。

責任
生活のいろいろなことに誇りと責任を感じて、自分たちでするようになります。

【解説】
　生活習慣は小さい時期だからこそしっかりと育てたいものです。それはまずは楽しいことや、家庭や園で大人に憧れてやっていたことから始まると、子どもは進んでやるようになります。その憧れから子どもが"ごっこ"でやるだけでなく、本物の生活で活動を始めます。それが日々行われるようになると、生活習慣となるのです。▶その習慣はやってみて楽しいとかおもしろいとかやりがいがあるというところを大事にしましょう。しかし、すべてを頑張ると、遊びの余地がなくなります。きちんとやる部分と、子どもが好きに工夫し変えてよいところを分けます。▶集中して取り組めばそれが本来の意味での「学び」となっていきます。同時に、ほかの場面ではくつろぎ、休んだり、のんびりしたりして、生活にメリハリをつけます。そのリズムは柔軟にしつつ習慣づけていきましょう。

> ある新人保育者の日記

お気に入りのマンボウのパンツで

　Aちゃんのお母さんが「うちの子、なかなかオムツが取れなくて……」とポツリ。私が返答に困っていると、隣にいた先輩ママのMさんが代わりに答えてくれました。「うちの上の子の時はね、あっという間にパンツに変わったのよ。マンボウのパンツのおかげでね」「え? マンボウ?」「そう、水族館に行ってね、大好きなマンボウを見たの。帰りにお土産コーナーでマンボウのパンツが欲しいって言われて……。ちょうどパンツにしようかな、という時期だったから『マンボウのパンツ、濡らさないように教えてね』って言いながらパンツにしたの。そうしたら、ちゃんと教えてくれたのよ。マンボウのパンツに感謝だったわ」。

　「へえ〜」私は目が真ん丸。「焦るばかりじゃ、親子で疲れちゃうわよ。トイレットトレーニングも楽しんでね!」。笑顔のMさん、アドバイスありがとうございました。

第1章　保育内容　健康

健康

すべり台を楽しむ

園庭の固定遊具が遊びを広げます。
その代表であるすべり台の魅力を引き出しましょう。

委ねる
体が勝手に動くように、身を委ねます。安心感が確保されることが前提です。

なめらかさ
平らでなめらかな滑る台に体全体がふれるようにします。

重心
体の中心にある重心が移動する感覚がわかっていきます。

見渡す
階段を上がると園庭全体が見渡せ、そこから一気に元の地面に戻るのが魅力です。

ぐるぐる
階段を上がり、滑り降りるというぐるぐる回る楽しさがあります。

【解説】
　園庭の固定遊具をどのように活かして、子どもの遊びを豊かにし、運動する力を伸ばすかを考えてみましょう。▶固定遊具の代表には、ジャングルジムやブランコと並んで、すべり台があります。最近はそれらを組み合わせた総合遊具も増えました。それらは、もともと自然の中で様々な動きをして遊んでいたのを、園の中でも安全性に配慮しつつ可能にしているものです。縦の移動があり、またほかの場ではできない動きを可能にしてくれるのが特徴です。▶すべり台では、高い所から台に沿って滑り降りる気持ち良さがあります。それは子どもの重心が安定してしっかりと姿勢を保てるようになると、滑る動きに身を任せて、かなりのスピードが出るからです。▶そういった身を委ねて動く気分の良さを十分体験できると、高く上がって、下に素早く降りるというぐるぐると周回する楽しさに気づきます。すべり台の上からは園庭が見渡せるでしょう。そこから一瞬で下に降りられることに不思議な気持ちになります。

ある新人保育者の日記

保育者が遮断機に!?

　「すべり台の横には、必ず大人が付いていてね」と先輩に言われました。「そうか！　安全対策ね」と思って横に立っていると……。すでに何度もすべり台をぐるぐると周回していたC君がうれしそうに声をかけてきました。「センセ〜イ、チュウシャケンやって〜」と言います。

　私が戸惑っていると「カンカンカンって踏切でもいいよ」とC君。どうやら遮断機のように、私の腕をすべり台の真ん中あたりに置いてほしいらしいのです。遮断機をつくると、C君がす〜っと滑ってきて私の腕の手前でキュッと止まり、待っています。私が「駐車券をお取りください」というと、満足そうに券を取るまねをして、上がった私の腕の下をくぐるのでした。スピードと共に、途中の障害物にキュッと滑りを止めるのも楽しいのですね。飽きもせず、何度もくり返して遊ぶのでした。

第1章　保育内容　健康

健康

砂場遊びを充実させる

砂場はたいていの園にあるものです。
その魅力は複雑で奥が深いのです。

変形
水を含んだ泥は容易に自在に変形できます。

心地よさ
泥を肌に感じる感覚は他では得難いものです。砂と水の2つの感触が入り混じります。

見立て
変形し、容器に入れると、場や物に見立てることができます。

壊れる
容易に崩れ、また元の砂地に戻ります。作った物は一時の形なのです。

土木
土木作業のように力を込め、いわば大地を変形する作業ができます。

【解説】
　園庭にある砂場はいくつかの遊びが可能です。まずは穴を掘るという遊びがあります。砂は崩れやすいのですが、掘りやすく、小さな子どもの力でも穴が掘れます。そしてその砂を積み上げれば山になります。それが崩れても、けがの心配はありません。またすぐに掘ることができます。▶次に見立て遊びができます。穴をトンネルにしたり、水を入れて海にしたりします。砂を容器に入れて、ケーキを作ったりもします。年長児くらいになると、砂場全体を見立てて、まるで土木作業のように大がかりな物を作るようにもなります。スコップも大きい物を使って、力強い作業になります。▶泥団子作りもあります。ぴかぴかになるのは砂の粒が潰れてなめらかになるからですが、こういった砂の遊びを通して、子どもは砂や泥にふれます。砂は小石のごく小さな物ですが、それに水が混じると黒くなって泥のようになり、乾くと白くさらさらになります。

14

> ある新人保育者の日記

泥んこ遊びに夢中な子どもたち

　「先生も一緒に泥団子作りしようよ〜」とDちゃんに誘われて、砂場に座った私。思い切って泥の中に手を入れると、ひんやりとしたタプタプの泥が気持ちいい……。この感触、癒されるわ〜。子どもたちだって、泥団子作りに夢中になるわよね〜と妙に納得していると、「先生、お団子を作りやすい土と作りにくい土があるんだよ」と年長のEちゃん。「お砂場の上のほうのさらさらの土は作りにくくて、下のほうから出てくるネットリしたのは作りやすいんだよ」と目を輝かせて教えてくれます。砂場の縁に並べてお団子屋さんごっこをする子、庭の隅にこっそり隠して気がつけば磨いている子、団子を壁に投げつけて、跡がついたり壊れたりする様子を楽しむ子……。作る目的は様々ですが、泥んこ遊びを思い切り楽しんだ子どもの顔は、みんないつになく晴れ晴れしているなあ、と思いました。

第1章　保育内容　健康

健康

食育の進め方

保育では栄養について教える前に、
食育の基本を大事にする必要があります。

雰囲気
マナーを守り、ペースを合わせ、楽しい雰囲気を維持するよう配慮します。

おいしい
食事はおいしさがなにより。それが始まりです。

調理
調理した経過や仕方、工夫を見せるようにします。

食材
食材が何であり、どこからとれたかを示しましょう。栽培活動ともつなげます。

元気
元気になるためにはいろいろな種類の物を食べて、よくかむことが大事です。

【解説】
　食とはなにより生命を保つ基本となることで、食生活をしっかりと進めることが生涯にわたる健康のもととなります。そのために、好き嫌いなく食べて、よくかむことが大事です。▶同時に、食事は元気のもとであり、人と食事をすることが社交の始まりでもあります。互いにマナーを守り、気持ちの良い食事の場とするよう配慮できるようにします。食べることが元気のもととなるのは、栄養とエネルギーがそこから得られるからですが、そればかりでなく、おいしいという味わいと、かむという行為が元気をつくり出します。▶食事は毎日行いますが、子どもは家庭でも園でも必ずしもその食材を見たり、調理したりしているわけではありません。むしろ、その機会が滅多にないから、ままごと遊びが盛んなのでしょう。給食など食材を手に入れて、だれかが調理し、だからこそそれを食べることができるということを見せることが大切です。

> **ある新人保育者の日記**

雰囲気を変えると野菜が苦手な子も……

　年に一度のバイキング形式の給食の日。大皿に並べられた料理を、グループで取り分けて食べます。このスタイルを初めて企画した時は、「野菜を取らない子が出てきてバランスよく食べられないのでは」と不安の声もありました。でも、やっぱり食育の基本は「楽しい雰囲気づくり」ということで、保護者にも理解してもらいました。

　様子を観察していると、野菜嫌いのM君もつられてお皿に取っています。自分で取ると責任を感じるのか、躊躇せずに食べています。「あら、野菜も食べられたね」と声をかけると嬉しそう。みんなで取り分けるということは、好きな物を独り占めするわけにもいかず、様々なやりとりが出てきます。自分たちが育てた野菜があると、そこで会話も広がります。楽しい雰囲気でたくさん食べて、元気に育ってね！

第1章　保育内容　健康　　17

人間関係

個々の子どもを大事にする

保育で肝心なことは一人ひとりを大事にすることです。
最も難しいことですが、だからこそ専門家としてかかわっていきましょう。

気持ち
その子どもの気持ちや感情の動きを感じ取りましょう。

一緒
そばにいて、一緒に時間を過ごすところから始まります。

見通し
子どもの伸びていく力がどこに向かうかを見通します。

おもしろさ
その子どもがおもしろそうだと向かっている興味の対象を見て取ります。

小さなこと
その子のする些細なことに気を留めることが大事なきっかけです。

【解説】
　保育は子ども一人ひとりを大事にして、その個性、気持ちの動きに対応していくものです。とはいえ、実際にはたいへん難しい営みです。だからこそ保育は専門家の仕事なのでしょう。▶一人ひとりの個性を大事にするとは、その子どもの家庭状況や育ち、気質や種々の能力を理解していること以上に、その場での子どもの様子を丁寧に見取ることです。何を感じて、何に興味をもち、どういうことをしようとしているのか。退屈しているのか。何をしてよいかわからないのか。困っているのか。もしかしたら、したいことがあるけれど、うまくできないでいて、それで遊び出せないのかもしれません。▶同じ物に興味をもっても、どこをすてきだと感じ、何を作っていきたいかは、子どもにより、またその場によっても違います。大人から見てつまらないことでも子どもには大事なことかもしれません。遊びがどう発展していくかを見通すと、その遊びの意味がわかってきます。

> ある新人保育者の日記

Mちゃんの掌のアリ

　3歳になったばかりのMちゃん。「先生、見て〜」といつも空っぽのプリンカップを持ってきます。中を覗くと何も入っていません。「なんにもないよ」と言うと、「あれ？」という顔をして、またどこかに行ってしまいます。数日間、そんなやりとりがありました。

　そんなある日、Mちゃんが「先生、見て〜」と今度は掌を力強く握って何かを見せようとしています。そ〜っと開くと、丸くなって動かなくなったアリが2匹、掌に……。「あれ、アリさん、死んじゃってるよ〜。可哀想に」と言おうとして、あっ！　と気がつきました。いつもは、プリンカップにアリを入れて見せに来ていたけれど、持ってくる間に逃げられてしまっていたのだと。とっさに言葉を変えました。「アリさん、逃げなくてよかったね。見せてくれてありがとう」。Mちゃん、満足そうにまたアリを探しに行くのでした。

人間関係
自立心を育てる

自立とは自分の力でやろうとする意欲から始まります。

試す
なんでも試したがる時期です。それを危険がない程度には認めます。

一人
一人遊びを（集団遊びと同じように）大事にしましょう。その機会をつくります。

達成
やろうと思ったことは仕上げまでやれるように助けていきます。

見通し
先への見通しができると、やろうとするし、計画を立てることに発展します。

意志
最後までやり遂げようとするのをそばで助けつつ、本人のやる気を尊重します。

【解説】
　幼児期は子どもが自立して、物事を自分の力で試し、やってみようとし、そして実際にやり遂げることが増えていきます。それが意志の力の形成を促します。▶それは初めは、周りにあることに興味をもって、なんでも手を出し、やろうとするところにあります。それを何度も試しているうちに、おもしろい結果が生まれて、それをくり返すようになります。▶どうやればよいかが見えてくると、次に少しやり方を変えて、だんだん難しいところに挑戦するでしょう。最初はすぐに失敗しますが、やり方がわかってきて、それをくり返すうちに見通しが立つようになります。先を見越して、それにつながる工夫をするようになります。▶そうはいっても、その子にとって難しいことだと、時間もかかり、どうしても大人の助けがいるのですが、本人がやっているのだという感覚を大事にして、大人が脇から援助すると、自立して取り組む力が育ちます。

> **ある新人保育者の日記**

自分でやりたい気持ちに応えるアドバイス

　年長組のFちゃんは、織物作りに夢中です。空き箱に切り込みを入れて縦糸を張り、そこに横糸として、かぎ針に毛糸をつけた物を「上、下、上、下」と言いながら、交互にくぐらせていくのです。保育室にある昨年の年長さんが作った花瓶敷きを見て思い出したのか、「前に年長さんが作っていたこれ、私も作りたい」と言うのです。縦糸を張るところまで手伝いました。

　毛糸の色を途中で変えたいと言うので、そこも手伝おうとしたら先輩が通りかかり「毛糸の結び方を教えてあげるから、自分でやってごらん」とのアドバイス。ちょっと難しいのでは？　と思ったけれど、一度教えると、完成への期待から、集中して取り組みます。自在に毛糸の色変えができるようになったFちゃん。その後の取り組みにさらに熱が入るのでした。自分でできるって、楽しみにつながるのですね。

第1章　保育内容　人間関係

人間関係

道徳性の芽生えを培う

道徳性と規範意識の芽生えは相まって、自分にとっても相手にとってもみんなにとっても良いことになるように配慮します。

規範
規範意識の芽生えとは、自他のやりたいことの衝突と折り合いをつける過程です。

思いやり
道徳性の芽生えとは、相手への思いやりの感情から育ちます。

調整
自分と相手とほかの人たちに共に良いようにするために調整が必要になります。

ルール
多くの人と折り合いをつけ、思いやりを生きたものにするためにこそ、ルールがあります。

伝統
いろいろな人と一緒にやっていくために、世の中の決まりと伝統を大事にします。

【解説】
　道徳性も規範意識も身につけるのは難しいことですが、すでに幼児期にその芽生えがあります。自分がやってみたいということがあっても、それがほかの人のやってみたいこととしばしばぶつかります。▶自分にとって良いこと、相手にとって良いこと、周りの人にとって良いこと、社会の多くの人にとって良いことは一致するとは限りません。電車で遠足に行った時に、自分は座りたい、友だちも座りたい。でも、乗ってきたお年寄りにも座ってもらいたい。知らない人たちがたくさん乗ってきた、どうしようか……。困っている人の気持ちになって考えることが必要です。▶同時に、世の中のルールを理解して、それを守る努力も大切です。でもまた、自分がやってみたいことに挑戦することを止めてもつまらなくなります。そういった折り合いをつけて、皆が幸せになることを模索するのが道徳であり、そのために参考にするのが規範やルールと呼ばれるものです。

> ある**新人保育者**の**日記**

年長児M君の手ごわい質問に……困った!

　敬老の日が近いので、子どもたちに「お年寄りを大切にしましょう。道で困っていたら、声をかけたり、お手伝いしたりしましょう」という話をしました。するとM君が、「じゃあ、先生。みんなで待ち合わせしていて遅刻しそうな時に、困っているお年寄りがいたらどうするの? お年寄りを助けたら、みんなに迷惑がかかるよ」。

　さあ、困りました。まさか、そんな質問が来るとは思ってもいなかったのです。年長児は手ごわいなあ。「ルールや決まりは大事だけれどね、最後にどうするか考えるのは、一人ひとりの頭なのよ」と苦し紛れに答えましたが。さて、私だったらどうするかしら。

人間関係

協同的活動として遊びを発展させる

子どもたちが遊びを楽しんでいる時、それをどう持続させ、発展させられるか考えます。

おもしろさ
その遊びのどこをおもしろがっているのかを見て取り、膨らませます。

協同
子ども同士をつなぎ、広げ、互いのやりたいことがかみ合うようにします。

気づき
遊びで工夫したことや見つけたことを尋ねて、感心し、対話します。

道具
何か道具やほかの遊びの要素を加えることで、遊びが高まるでしょう。

挑戦
ちょっとハードルを上げて、難しいことに仕向けます。

【解説】
　協同的な活動（あるいは協同的な学び）は、子どもがその遊びや生活の中で追究したいことを見出し、それを共通の目的として、グループで活動し、その目的を実現していくことです。目的を具体的な物として、絵などに示して、何をすればよいかを明確にします。子どもたちの作りたいと願う物は大がかりになりがちなので、作り上げながら、実際に可能なことに変えていく必要があります。▶その過程で保育者の役目は大きいのです。子どものやりたいことを見て取り、可能そうだけれど、でも、相当に頑張る必要があることに仕向けていきます。子どもの工夫を引き出し、子どもが行った工夫や発見を受け止め、広げます。使える道具を紹介して、自分たちでやれるように手伝います。▶子どもたちはこういった活動を通して、互いに協同することや、目的に向けてそれにふさわしい工夫をすること、さらにその工夫から目的を作り直すことなどを学びます。

ある新人保育者の日記

イメージを共有し合って、おみこし作り

　園の夏祭りに向けて準備が進んでいます。今日の年長組は、その話し合い。「お祭りには、おみこしがあったらいいんじゃない？」「おみこしの上には何を乗せる？」などと意見を出し合います。「申年だから、サルを作って乗せるのはどうかな」「ええ〜、僕、妖怪がいい」「おみこしに妖怪は変だよ」……。意見が割れることもあります。

　結局、おみこしの上には「張りぼて」のサルを作って乗せることになりました。イメージを共有するために、大きな模造紙に完成予想図を描いて「こんな感じかな？」と子どもたちに見せると「そうそう！」と嬉しそう。「お祭りらしく、サルには法被を着せようよ」「お家みたいな物を作って、その中にサルがいるのはどう？」とさらに盛り上がります。お祭り当日だけでなく、そこまでの過程が大事な活動なのね、と改めて思いました。

第１章　保育内容　人間関係

人間関係

異年齢交流の活動
（年長児が年少児を招待する活動）

年長児が大がかりな構成を作って、年少児を招待するなどの遊びを行うことがあります。共に学び合う機会と捉えます。

異空間
部屋全体が見違えるように、ワクワクする空間となるようにします。

過程
作っていくプロセスで、工夫を促し、子どもにも保護者にも見えるようにします。

出会い
要所要所で出会いと驚きが小さくあって、それがつながるようにします。

動き
体の横や縦やその他の多様な動きを入れて、体感的おもしろさをつくり出します。

移動
いくつかの出し物を回っていくことに意味をもたせ、見る側をおもしろくします。

【解説】
　異年齢の一斉活動の代表例に年長児が制作した遊園地や劇などに年少の子どもを招待する活動があります。それはもちろん、年長児の創意と工夫が出てくるようにするためですが、同時に見る側にとって、年長になったらこんなことができるのだという期待をもてるようにします。▶そういった構成物は時間を追って作る過程が大事です。そこでその工夫の様子が子どもたち自身にも保護者にも見えるように、写真やその他の構成をしておきます。▶当日はその場所がいつもとはまるで違って見えるようにします。それが行事の意義です。そこに年少などの子どもが参加すると、いろいろな驚きがあり、感心することが起こり、様々な体の動かし方があるために、体験から感じるおもしろさが生まれます。部屋の中にいろいろな物を置き、その間を旅するようにすると、さらにおもしろくなります。

> ある新人保育者の日記

保育室がワクワクする空間に変身！

　毎年夏祭りには、年長組が小さいクラスの子どもたちを招待する大がかりな遊びが行われます。今年は「遊園地ごっこ」です。3つの保育室をそれぞれ遊園地に見立てて、工夫しながら飾りつけをします。1つは「夢の部屋」。風船をたくさん天井から吊るし、床上にもたくさん転がして、いつもとは別世界です。お隣は「屋台村」。毛糸で作った焼きそばや紙粘土のたこ焼きなどを空き容器に入れて、お店屋さんらしく飾ります。そのお隣は「ゲームの部屋」です。「人間モグラたたき」では、年長さんが段ボールの穴から、手を出したり引っこめたりして、それを紙の筒で小さい子どもたちが叩くのです。手には、茶色の靴下をはめ、モグラに見えるように画用紙で顔を付けました。

　実はこの企画、いつもの保育室とガラリと雰囲気が変わるので、大人もワクワクしてしまうのです。

環境
自然に親しむ

土や砂や水、動植物、山や森や川などの自然に、幼児期から親しみます。

不変
土・砂・水また動植物は常に変わらずにそこにあり、勝手に変えられません。

どこでも
自然は時と共に見かけを変えていきますが、どこにでも見られるものでもあります。

命
動植物は生きた物です。ふれることを通して生命を実感します。

すみか
動植物にはすまいがあり、自然の中にすみかがあることを知ります。

包まれる
人は自然の中に入ると安らぎ、すばらしさと時に恐ろしさを感じます。

【解説】
　自然とは何かを厳密に定義はできませんが、人が勝手に作り変えることができない大自然と、そこに暮らす生き物のことです。もちろん、技術の進歩により自然は人間にとって便利なものへと作り変えられてきました。とはいえ、人もまた自然の一部であり、そういった実感を幼児期に得ることが人としての土台となっていきます。▶土や砂、水などの生きた物ではない自然物がまずあります。それらは砂場や色水遊び、水遊びなどでも出合うわけですが、さらにもっと大きな自然である池や川やその傍らの泥にも出合わせたいものです。ほかに生きた物として、植物や動物に、採集・栽培・飼育などを通してふれることができます。生命のあり方を実感できるようにその温かさを感じるとか、生まれ死ぬ過程を知るとか、栽培物を食してその命の大事さを理解できるよう促していきましょう。▶子どもは便利な文明社会で生活しています。だからこそ園の保育で自然との出合いを用意しましょう。

> ある新人保育者の日記

自然の恵みにみんなで感謝

　年長組の子どもたちは、田植えから稲刈りまで1年を通して経験します。ありがたいことに園のすぐ近くの田んぼのオーナーが、卒園児の保護者という関係なのです。膝までの靴下を履き、ひんやり冷たい泥の中に足を入れ、苗を植えます。それからは毎日のように稲の育つ様子を見に行きます。稲にお米がつき始めると、鳥に食べられないようにかかしを作って立てます。稲刈りは、鎌でザクッザクッと刈りますが、大きな稲刈り機も、倒れそうになりながら使わせてもらいました。穫れたお米を脱穀するのは、農家の人に手伝ってもらい、最後には給食のお米に混ぜて「いただきま～す！」。

　1年間、手間暇をかけてこの1粒のお米がとれるとは！新米保育者の私も、自然の恵みに感謝です。保育者って、子どもと一緒にいろいろな経験ができて幸せですね。

「収穫が楽しみね」
「早くお米にならないかな」

環境

科学的思考の芽生えを育てる

科学的思考は物事をそれ自体として捉え、規則性を把握するところから始まります。

詳細
物事をそれとして詳しく見る。育てたり、作ったり、触ったりします。

組み合わせ
いろいろな部分から物事は出来上がっていることがわかるようにします。

規則
「いつもこうすると同じことが起きる」ということの発見が、科学の始まりです。

分類
落ち葉のように少しずつ違ういろいろな物を分類して、整理します。

内側
物事の多くには、内側にそれを動かし、育て、変化させる元があるとわかります。

【解説】
　科学的な思考とは何か。と言っても、幼児はそこまでは到達しておらず、その芽生えを育てることになります。科学とは自分の思い込みや希望とは別に、物事をそれ自体として捉えて、そこでの法則性を見出そうとする営みです。▶まず、周囲には物がそれとして存在し、それは勝手に変えようがないものだということを知り、それを丁寧に詳しく捉えることが始まりです。科学はそういった小さな部分が集まって大きな全体を構成しているので、それを知るには全体を部分に分けるというやり方が重要になります。▶積み木遊びがそれです。いつもこうすればこうなるという規則性が法則の発見につながります。また似た物をまとめて、種類があるとわかることも科学の基礎です。▶子どもは自動車などに興味をもちますが、それはエンジンという内部の機械で動きます。それに対して動物は内部の組織があり、食べ物を消化し、頭で考えて、体が動きます。そこに興味をもつことが科学的思考の始まりです。

> ある新人保育者の日記

子どもは分類が好き！

　Rちゃんは、ビーズを色で分類するのが楽しい様子で、片づけが始まると、まるで「そこからが遊び」とでもいうように熱心に分類します。小さな指で1つ1つビーズをつまみ、根気よく、色別のお皿に分けていくのです。一方、F君は積み木の片づけが大好き。うっかり大人が片づけると、もう一度箱から出して、やり直すほどです。三角と三角を合わせて四角、半円と半円を合わせて丸、巴マークのような組み合わせもあります。どれも、きっちり組み合わせないと、積み木の箱のふたが閉まらないようになっているので、そこが楽しいようなのです。

　子どもは分類が大好き、つまり秩序が大好きなのですね。

　あ〜あ、今は片づけが苦手な私も、子どもの頃は秩序が好きだったのかしら……。

第1章 保育内容 環境

環境

図鑑の使い方

幼児でも、幼児向けの図鑑なら、見たり読んだりして、おもしろがり、役立てられます。

往復
実際の活動でのかかわりと図鑑で得た知識の往復を図ります。

拡大
図鑑を見ることでおもしろいことの背景の意味がわかり、気づきが広がります。

焦点
図鑑により、一見すると見落とす細部の見所がわかります。

未知
遠い世界や小さい世界など、見えないものの様子を知ります。

意義
小さな気づきは実は専門家も調べていることで、自分たちで探索することの意義がわかります。

【解説】
　幼児にとって図鑑はちょっと難しいのですが、好きで見る子どもは必ずいるものです。自然その他にかかわって、その後、図鑑で調べることは年長児くらいになるとよくある光景です。▶図鑑はもちろん、子ども向けのものでないと不便です。詳細な情報を言葉で説明するものより、図で基本を取り上げ、すべて見える形で説明しているものがよいでしょう。子どもは好きな物、例えば、恐竜や新幹線等を見て、楽しみます。さらにそれが実際の物との対応に気づくと、調べる活動に発展します。「観察」として実際に見ることと、図鑑で見ることが相互に連動して、子どもの気づきを広げます。▶実物を見てもよくわからない物であっても図鑑で見ると、例えば、アリやダンゴムシの足の数だとか、口の形とかがよく見えて、今度はそれを実物で確認したりするでしょう。遠くの国や宇宙などは子どもの想像力を刺激してくれます。そういう知識への憧れが小学校の学習につながります。

> ある**新人保育者**の日記

図鑑が興味や活動が広がるきっかけに

　ダンゴムシ探しに夢中なC君。空き容器にたくさん入れています。ある時、「先生〜、丸まらないダンゴムシがいるよ」と私のところにやってきました。見るとダンゴムシにそっくりですが、触っても確かに丸まりません。

　「おかしいね?」「なんだろう?」。保育室の図鑑で調べてみることにしました。すると、それはダンゴムシではなく、ワラジムシという別の虫であることがわかりました。「へえ、似ている仲間で、海辺にいるのはフナムシなんだ。これは海辺じゃないからやっぱりワラジムシ……」。さらに興味が広がるC君。しばらくダンゴムシ探しは中断して、図鑑に見入っていました。それからは虫を見つけると、何かと図鑑で確認するように。虫探しと同じくらい図鑑を見るのも楽しくなった様子です。探索活動から調べる活動に発展した瞬間でした。

何を食べるのか調べてみよう

環境

数量への関心を育てる

数を数えることと量を比較することが、大小と多少の重なりの認識につながり、足し算・引き算への興味・関心が芽生えます。

計数
いろいろな物を数えて、全体としていくつかがわかります。

一列
一列に並べると、数という印象が強くなり、数えやすくなります。

部分全体
全体と部分の関係を知ります。まとまった数が2つの部分に分かれるなどです。

比較
大小の比較を量の多少の直感と共に、数を数えて確かめます。

巨大数
大きな数の見当をつけられるようになります。

【解説】
　数はなにより幼児にとって魅力的なものです。どんな物も数えることができるからです。それは幼児に知的な理解というパワーを与えます。▶まず、小さな数の物から数え始めます。指で指して、1つ、2つと呼称して数えていき、最後の数が全個数になります。数えられる範囲は5から10くらい、20くらい、もっと多くと広がっていきます。縄跳びで跳んだ数を数えるなど難しいものも可能になるでしょう。▶クラスの人数の中で、欠席が3名なら出席が19名とわかるなど、全体を2つの部分に分けて、片方がわかると、残りがすぐにわかるようにもなり、これが足し算・引き算の基礎となるのです。カルタなど、一目でどちらが多いとわかっても、改めて数えたりします。それは量と数の対応を確認しているのです。▶さらに幼児期の終わりくらいには、千、万などの数が買い物ごっこで出てきて、正確にはわからないまでも大きいということはわかるようになります。

> ある新人保育者の日記

おやつの時間も学びの場

　数に対してどの子も敏感になるのが、おやつの時間です。3歳児クラスの子どもたちでも、「〇〇ちゃん、イチゴが多くてずるいよ」「でも、これは小さいから」とやりとりをしています。「1人何個ずつ？」「僕のは少ない」などなど、おやつを配る時間はいつも賑やかです。

　このころになると、「1人にスプーンを1本配ってね」など、お手伝いを頼めるようになります。一対一の対応が理解できるようになっているのです。「〇〇ちゃんのスプーンがないよ」とほかの子が教えたりして「あ！」と気づくこともあります。お手伝いも、大事な学びの場ですね。こういう生活経験から、子どもたちは、数に対する感覚が少しずつ芽生えていくようです。

環境

図形の基本をわかる

丸や三角といった図形は小学校算数の一つの領域ですが、その理解の芽は幼児期に始まります。

立体
立方体を触り、眺める経験から平面図形へと進みます。

同一
「形が同じ」とは、大きさは関係なく四角は四角、三角は三角、星形は星形とわかります。

作り出す
形を作り出す経験をします。

変形
変貌の経験をします。1つの形からほかの形を作り出します。

単位
部分を単位として全体の形を作ります。

【解説】
　図形の教育は、小学校算数の重要な領域です。図形と量の統合は幼児期に始まり、図形と数の統合は小学校3年生くらいで、その頃から面積の計算などが始まります。
▶図形の教育の基礎は積み木遊びです。積み木はもともと、そのために導入された遊びなので、幼児には平面図形より立体図形が基本となるのです。それは直接ふれるため、実感があります。四角や三角や丸（ボール）など立体的な物は幼児の生活や遊びの至る所にあります。その名称はともあれ、自ずと形の感覚が育ちます。▶さらに、何もないところから意味のある、わかりやすい形が生まれる経験もします。粘土遊びや型抜き遊びなどです。あるいは例えば、円盤の中心部に短い棒の一方を固定して回転させると、時計の形が生まれます。それも形の感覚の育ちです。▶積み木やブロックや牛乳パックで大きな物の形を構成することもあるでしょう。それは単位を元に大きな形を作ることです。

> ある**新人保育者の**日記

積み木遊びの要領で牛乳パックの家作り

　共同制作で、牛乳パックの大きなお家を作ることになりました。牛乳パックの中に新聞紙を詰めて、それをガムテープで連結して、積み上げていくのです。「人間が入れるくらいの大きさにしようぜ！」。男の子たちも張り切っています。まずは土台作りから。煉瓦を積む要領で、三方を囲むように積み上げます。高さや幅を揃えなければ、家が歪んでしまいます。「いち、にい、さん」と牛乳パックが同じ数になるように数える子どもたち。「ここが足りないよ」「あと1つ」などとやりとりします。小さなテーブルとイスも作ることにしました。牛乳パックが合わさり、いろいろな大きさの長方形が出来上がります。家は、何日もかかってやっと人が入れる大きさになりました。小さい頃から積み木をたくさん楽しんできた子どもたちは、その延長で牛乳パックの家作りを思いついたのでしょうね。

第1章　保育内容　環境　37

言葉

言葉による伝え合い

言葉による伝え合いは、伝える意欲をもつことから。
相手が聞き取り、やりとりとして発展します。

意欲
「友だちに伝えたい」という、子どもの体験したすてきなことを話してもらいます。

聞き取り
子どもに聞く姿勢を育てるために、保育者自身がよく聞きます。

発表
ほかの子どもたちに向けて発表する習慣をつけます。

モノ
実物を見せたり実際にやったことを再現したりして、言葉の発表を補います。

三角
聞いている時も、発表者と保育者と自分のやりとりを意識できるようにします。

【解説】
　言葉による伝え合いは幼児期に十分ではないにせよ、ある程度まで育てていきます。その始まりは、「何か話したいことがある」ということです。こんなすごいことをした、すてきなことがあった、そういった工夫や達成感や発見をみんなに伝えたい、そういう思いを大事にします。▶そのために、子どもが体験したすてきなことに注意を払い、それが発表できるよう、子どもを促し、助けます。聞く側の姿勢も重要です。まず丁寧に保育者が聞き取ることで子どもたちもそれをモデルとすることでしょう。▶とはいえ、発表者と保育者の一対一のやりとりになるのではなく、子どもの発表をほかの子どもに伝えるように手助けします。言葉だけでは難しいので、実物を持ってきたり、こういう工夫をしたのだと再現したりして言葉を補います。次第にほかの子どもが発表したことを聞き取り、自分の発表で活かすようになります。

> **ある新人保育者の日記**

発表する経験から、人の話も聞けるように

　最近、ブロックでよく遊ぶ子どもたち。そうだ！　せっかくだからそれぞれの作品を帰りの会で発表したらどうかしら、と思いつきました。完成した作品がある人は、その作品を持って前に出て発表するのです。何を作ったのか、工夫したところはどこか、大変だったところはどこか……、などをみんなに伝えます。中にはもじもじして、すぐに終わりにしようとする子もいるので、その時は私がインタビューする形式で、おもちゃのマイクを持って質問します。私から「ここを工夫したね」と伝えることもあります。友だちの前で発表する経験から、人の発表も楽しんで聞けるようになってきました。子どもがインタビュー形式で質問することもできるようになりました。自分の作品を発表できるようになった子は、ブロック遊びもさらに熱が入り、集中して取り組むようになったと思います。

言葉

絵本の読み聞かせ

クラスで絵本を保育者が読み聞かせることは
楽しいうえに、言葉の教育の基本となります。

親密
できるだけ近くに子どもたちを寄せ、親密な雰囲気にします。

めくる
「次に何が出てくるかな?」と、特にページめくりのタイミングを計ります。

呼吸
声色を意識するより、子どもが予測し、固唾(かたず)を呑む呼吸に合わせます。

ゆったり
声を深い調子にして、ゆったりとした感じを出します。

1人
1人でも読めるように、終わったら、絵本コーナーなどに絵本を置きます。

【解説】
　絵本は優れた文化財であり、それがどの家庭にも園にも置かれているというのは日本の誇るべきことです。しかも、ほとんどの園で毎日のように絵本の読み聞かせをしています。それが子どもの想像力を豊かにし、物語に親しみ、また言葉の教育を進めることになります。▶読み聞かせでは、子どもは目で理解しただいたいの意味と、耳から入った言葉が頭の中で結びつき、初めての言葉でも意味がわかって、覚えます。▶絵本は親密なメディアです。読み聞かせる側と聞く側が近い位置にいて、絵本との距離も近いのです。ページをめくるという仕組みが絵本のストーリーへの予測とその期待が満たされるおもしろさをつくります。落ち着いた雰囲気でゆったりと絵を鑑賞し、話す言葉に耳を傾けます。▶クラスで読み聞かせた絵本は絵本コーナーに置いておきます。1人でまた数名のグループで読み直すことがよく見られます。

> ある新人保育者の日記

読み聞かせの絵本選びで反省！

　大好きな絵本を子どもたちに紹介したいと思って、読み聞かせに選んだ1冊。サイズが少し小さいかな、とは思ったのですが、子どもたちに見せてあげたい一心で、張り切って読みました。すると、そこを通りかかった先輩から「さっきの絵本だけれど、あの大きさは、クラス全員で見るには無理があると思うわ」とアドバイスされました。確かにあの絵本は絵の細かい部分を楽しむものだから、後ろのほうの子どもは見えなかったかもしれません。つまらない時間を過ごしてしまったかしら……と、大反省。先輩からは「大勢で見る時は、大型絵本や紙芝居などを利用したり、絵がはっきりして見やすいものを選んだりするといいわよ」と教えてもらいました。そして「あの絵本は私も好きだから、ぜひ少人数で、近い場所で読んであげてね」と言われました。絵本選びは自己満足にならないように気をつけようと思います。

言葉

絵本コーナーをつくる

園での絵本のコーナーはゆったりと絵本に親しめる場所にします。

展示
表紙を見せて、手に取りたくなるようにします。

選択
保育者がその時期に読ませたいと思うものを選んでおきます。

季節
季節感を大事に、また主な保育の活動とつながるようにします。

安息
ほかの子の動線がコーナーに入り込まないようにして、ほっとできる空間にします。

探索
絵本の世界を探索できるように、いろいろな絵本を書棚に置きます。

【解説】
　絵本コーナーとは保育室や廊下や別室などに絵本をまとめて置いておき、そこで絵本を選んで、ゆったりと読んでいられる場所です。単なる絵本の置き場所ではありません。コーナーに座って、ほかの邪魔にならないようにすると、落ち着ける場所になります。▶一度読んだ本をもう一度見直すこともあるでしょう。どういう本があるのかなと探索して、眺めることも出てきます。購入した新しい絵本を置くこともあってよいですが、その都度、保育の主な活動に関連した絵本を何冊か選んでおくと、子どもも楽しむだけでなく、活動の参考にすることでしょう。▶図鑑などは１年中置いておくことになりますが、多くの絵本は適宜入れ替えます。季節感を大事にしましょう。▶保育室の絵本コーナーと園全体の絵本室など双方を用意することもできます。ほかの活動と離れた絵本室は少人数の子どもに読み聞かせる場ともなります。

> ある**新人保育者の**日記

落ち着く場所に絵本コーナーを移動

　さくら組の絵本コーナーは、テラスの出入り口のすぐ横にあります。登園する時にはそこを必ず通るので、どの子にも絵本が見えるように、また保護者にも今どんな絵本を読んでいるのか見えるように、と期待してその場所を選びました。季節に合った絵本もたくさん並べました。

　ところが様子を見ていると、子どもたちはその前を素通りします。また時々座って読み始めても、テラスや園庭の様子が気になって落ち着きません。いろいろな人が通るのでゆっくり読めないのかしら？

　そこで思い切って絵本コーナーを保育室のいちばん奥に変えてみました。家具で仕切りを作り、小さなゴザを敷きました。観葉植物も置きました。すると子どもたちが集まり始め、ゆっくりと絵本を読んだり、時にはゴロンと寝転がったりし始めました。大成功です！

　絵本コーナーは「落ち着く場所」というのがポイントなのですね。

言葉

ひらがなを読む活動の進め方

かな文字を読むことは大部分の子どもが幼児期の終わりまでにできるようになります。

環境
園環境のいろいろなところに文字を記すと、意味がわかるものを覚えます。

音声
書いてあるものを一緒に読んだり歌ったりと、声に出します。

単語
意味のある単語としてかなを並べます。

自分
子どもの名前や子どもが好きなことを言葉にし、文字にしてみます。

朗読
絵本など文字数の少ないものをくり返し読み、文章を暗誦できるようにします。

【解説】
　かな文字は発音と文字の対応が基本的には一対一です。"あ"という文字は「あ」と発音します。例外は"きゃ"などで、これは「き・や」ではなく、「きゃ」という1つの発音です。▶それは記号を見て、その名前や意味を発声するのと同じです。停止標識を見て「止まれ」と言ったりするわけです。ですから、たくさんかなに接して、その発音を同時に聞けば、自然にかな文字の発音を覚えます。▶上記の特殊音声を入れても、かなはせいぜい100程度に過ぎません。かなを身の回りで見る機会を増やし、それを発音する興味をひく場面を用意します。誕生表の名前を読んだり、歌詞が書かれた掲示物を見ながら歌ったり。かなが少しでも読めると、子どもは嬉しくなり、読めるかなを探して何度でも読むようになります。

| ある**新人**
保育者の
日記 | ひらがながわかるようになって嬉しいA君① |

　ひらがなが読めるようになったA君。お散歩に行くと、「い、の、は〜い、が、ち、り……」と唱え始めました。なんのことかな？　と思って、A君の視線の先を見ると……。歩道の縁石横に置かれた立て札に「飼い犬の糞は飼い主が持ち帰りましょう」と書かれています。

　なるほど！　立て札のひらがなだけを読んだのですね。こんなふうに、文字を読めるようになった子どもは嬉しくて、あちこちにあるひらがなを一文字一文字声に出して拾い読みします。A君は、ひらがながまとまって意味のある単語になるということはまだわかっていないようですが、記号としての「文字」と「発音」が結びつき、その発見と表現が日々楽しいようです。

　そうだ！　保育室の壁面に、なにかすてきな詩を貼ってみようかな、と思いました。

第1章　保育内容　言葉

言葉

ひらがなを書く活動の進め方

かな文字を書くことは幼児期には完成しません。ただ、その芽生えはあります。

形
かなの形が細部まで目で見てわかり、思い出せるくらいになることが前提です。

線引き
迷路遊びなど特に細かい形を思うように引けるようにします。

描画
絵を描くことの中に、線を引く、形を描くなどが入っています。

線形
上から下、左から右、という形の連なりや線の引き方の原則に慣れさせます。

手本
ゆっくりと字を書くところを実際に保育者がやってみせます。

【解説】
　かなを書くことはかなを読むのとは全く異なる活動です。書くことは読むことと別の発達の道筋で学習されます。どのように指導したらよいか難しいところです。▶そもそも、かなを読むのと違って、書くことのスキルは小学校に入ってからの指導で十分間に合います。もしどうしても本格的に練習したいなら、かな文字の線をなぞるのがよいでしょう。▶しかし、かな文字を書く前に必要なことがあります。1つはかな文字がおおむね読めること。もう1つは線を狭いところにしっかりと引けることです。線を引くことは絵を描くことから始まり、小さな模様を描いたり、迷路をたどったりしてできるようになります。▶かな文字は書き順や字のバランスが難しいので、大人が書いてみせることが大事です。ゆっくりと大きな形で普段から必要事項を書いてみせると役立ちます。

> ある新人保育者の日記

ひらがながわかるようになって嬉しいA君②

　ひらがなを覚え始めたA君。「う」という文字を、器用に下から書いています。下からぐーんと鉛筆を上に持っていき、最後に「う」の点を書きます。点まで、下から上に書いています。書くのは楽しくていいけれど、間違った書き順が癖になってはいけないな、と考えて正しい書き順を伝えることにしました。

　「A君、見ていてね。ひらがなってね、上から下に流れているのよ」。わざと書道のように流れの勢いをつけて大きく書いて見せました。「へえ、川みたいだね。流れているみたい」。——そのことがきっかけで、お正月明けだったこともあり、絵の具を使って書き初め大会をすることにしました。自分の名前を書くのです。出来上がった「自分の名前」を皆、満足そうに眺めていました。その後、郵便屋さんごっこが流行り、せっせと文字を書く子どもたち……。文字が書けるようになるって嬉しいのですね。

第1章　保育内容　言葉

表現
"表現"を理解する

表現という領域は図画工作や音楽に限ったことではなく、乳幼児期の基本となるものです。

感情
「心が動く」。その感情から表現が動き出します。

自分
外に表したものは必ず自分に戻ってきて、その表現を見返したくなります。

再考
見返すことは次第に、それについて考え直すことに発展します。

一望
ある範囲に表現したものを収めると、それを一望できて、捉えやすくなります。

時空間
一定の時間内で、一定の空間の中で見えると、一つのまとまりとして観賞できます。

【解説】
　小さな子どもにとっての表現とは、何かを表して、それを聞き直し、見直せるものです。▶まず感情が動きます。印象が強く、感動すると、喜怒哀楽が喚起され、それが自ずと外の表情や身振りや作品に表れます。その表れたものが瞬間的にではなく、一定の間持続すると、感情が次第に収まり、それを見返す余裕が生まれます。▶人間は何かを感じたり考えたりすると、それを一旦外に表すことができます。それが絵であっても、身振りであっても、歌や音でも、目や耳からの刺激がそこから生まれるので、捉え直すことができるのです。▶子どもの頃に、自分の心の中の感情や思いや思考を外に表し、見直すやり方を身につけると、その後の表現や思考の力を伸ばす土台が形成されるのです。

> ある**新人**
> **保育者の**
> **日記**

台紙1枚で表現が活きた!

　クラスの子どもが描いた自由画を、何気なく保育室の壁面に貼っていた私。ある日、先輩が部屋を覗いて言いました。「すてきな絵ね。でも台紙を貼ってあげたらもっとすてきに見えるんじゃないかしら」。「え？　台紙……ですか？」、戸惑って聞き返す私。「そう。絵の下に、もう一枚画用紙を貼って、額縁みたいにするのよ。この桜の絵は、うすいピンクの台紙を貼ったらすてきじゃない？」。なるほど。「そうですね！　やってみます」……。それから私は、台紙選びを始めました。確かにその絵に合った台紙を貼ると、絵がぐんと引き立ちます。保育室の壁面は、画廊にも負けない雰囲気に！

　翌朝、子どもたちが登園してくると、その絵の前で立ち止まり、鑑賞しています。台紙一つでずいぶん絵が引き立つのだなあと、先輩のアドバイスをありがたく思いました。

第1章　保育内容　表現　　49

表現
身体表現とは

身体表現とは、思わず出てしまうものが次第に自覚的に演技となっていくことです。

動き
身体は常に動いていて、内面の思いを表し、人との呼応をつくり出します。

表情
身体では感情が表情として表れ、それが人を動かします。

感動
身体表現は感動に最も近いものです。

ごっこ
身体表現を見直せるようになると、演技の始まり（○○ごっこ）となります。

集団
身体表現は表情を通して、ほかの人とつながり、集団の元を形成します。

【解説】
　身体表現とはごっこ遊びでの表現や身振りも含みますが、その元は表情にあります。喜怒哀楽は内面で感じると同時に、顔や身振りに表れます。それを声に込めると音楽の始まりに、形に表そうとすると造形表現に発展します。身体表現として筋書きのある演技に展開するとごっこ遊びとなります。▶自分の身体の動きは見えにくいのですが、ほかの人の動きはすぐにわかります。大人の身体の動きが子どものモデルになり、子ども同士の動きが影響し合います。動作は互いに呼応し、模倣として広がるのです。▶演技することは自分の感情を適切に表現する仕方の練習でもあり、それを調整する方法でもあります。解放感が生まれ、ほかの子どもとの一体感をつくり出します。▶そのためにも、保育者が自身の身体表現を自覚することは大切です。大げさになりすぎず、でも、多少は誇張し、わかりやすくすることが必要です。

> ある新人保育者の日記

私が子どもたちのモデルに！

　ある日、担任しているクラスの子どものお母さんが言いました。「うちの子ね、家に帰ってくると、先生のまねをするのよ」「え……？　どんなまねでしょう。変な歩き方とか？　しゃべり方とか？」。

　ドキドキしながらそのお母さんに聞くと、笑いながら「いえいえ、お人形やぬいぐるみを並べてね、その子たちに絵本を読んでいるのですよ」と答えます。ああ、変な姿のまねじゃなくてよかった……とホッとしながら、ふとその情景を思い浮かべて嬉しくなってしまいました。「うちの子、先生が大好きだから、憧れてまねをしているのね。優しい顔で、お人形たちに話しかけているのよ」と続けます。ああ、私のすべてをクラスの子どもたちはモデルにしている、よ〜く見ているのだわ。そう思うと、急に自分の動きを意識してしまうのでした。センセイって大変!!

第1章　保育内容　表現

表現

音楽表現の始まり

音楽は人の声と物が立てる音から始まり、そこに表情を表すことで音楽となります。

音
どんな物も触れば音が出ます。音を出し、音を聞くことが音楽の始まりです。

声
声が響き、自分にもほかの人にも聞こえ、それが歌を作り出します。

響き
音は響きとして広がり、反響し、離れた人をつなぎます。

相互
音や声を出すことを自分とほかの人とが相互にやると、やりとりになります。

文化
音が組織されて、気持ちの良い流れをつくるのが音楽です。それは文化の核です。

【解説】
　音楽の元は音です。音は人が出す声と、物が出す音があります。物が出す音は振動によって生まれます。物と物がぶつかったり、人が物を衝突させたり。積み木を床に置いても、そこにささやかな音が生まれますし、歩けば、足音が必ずしているものです。▶現代社会は機械音が車の音やエアコンという形でかすかにいつも響いていますが、大人はそういった音を無視する習慣をもっています。子どももすぐにそういったものに気づかなくなります。ただ、それに伴い、かすかな音を無視するだけでなく、多くの音を気にかけなくなってしまい、音感が衰弱するのです。かなりの大きな音や精緻な音楽以外、気を引かなくなります。▶歌を歌うにしても、小さな声や微妙な表情に変化を感じ取る感性を育てることが大事です。人の作った歌を聞くにしても、そういった耳が育ってこそ、感動を感じるものです。

> ある新人保育者の日記

園の中には気づかなかった音がいっぱい

　にぎやかな我がクラス……。大きな声で話す子が多いのです。隣の先輩のクラスを覗くと、大声で話す子どもは少なく、落ち着いています。なぜだろう？　もしかしたら私のクラス、大きな音に鈍感になっているのではないかしら？　音について感じる活動を考えた末、保育室でみんな目をつぶってごろんと横になってみることにしました。

　「どんな音がするかな？」と問いかけると、静かになって耳を澄ませます。「今からね、音が3つ聞こえたら、そっと目を開けて起き上がってみてね」。しばらくするとそーっと目を開けて起き上がる子どもたち。「どんな音が聞こえた？」の問いかけに「風の音」「給食室のお皿の音」「ドアが閉まる音」などと答えます。「園の中には、こんなにたくさんのいつもは聞こえない音があるんだね」。私にとっても発見の時間でした。これからは、音について少し意識を向けてほしいな。

第1章　保育内容　表現

表現

造形表現の基本

造形とは物としてあるものを使って、
新たな、すてきだと思える形を作り出すことです。

素材
様々な素材に出合い、そこで感じたもの（感覚・感触）を元に形を作り出します。

手作業
手をつかい、指を操作し、素材や道具を用い、その感覚を捉えます。

加工
形ある物をつなぎ、分離し、新たな形や色合いにしていきます。

見立て
形は見立てられて、本物とのつながりが見えると、魅力が増します。

視覚
造形活動は手をつかって作り出す経験を通して、見る力を育てます。

【解説】
　子どもは広い意味での造形活動が好きです。物を作ることが好きだからです。造形とは身の回りにある素材を使い、それを作り替え、組み合わせ、新たな形と色の物を作り出すことです。積み木を積むことも砂場で穴を掘ることも広い意味では造形表現です。▶ただ、子どもにとって表現の幅がはるかに広がり、いろいろな事柄を表せるのは、絵を描いたり、物を組み合わせ加工する造形表現です。その表現の最大の特徴は物がいつも目の前にあり、残っているということです。▶音などは消えていきますが、造形は形ある物なので、物体として存在します。ですから、それは簡単に見直すことができます。再度手を加えて、もっと良い物にしていきます。その際、頼りになるのは触った時の感覚と見直した時の一望しての視覚的イメージです。それを元に作り直し、すてきな物にしていく過程が造形です。

> ある**新人保育者**の日記

もくもくと作品作りに集中

　乳児クラスの時から小麦粉粘土で粘土遊びを楽しんできた子どもたち。幼児クラスに進級してから、油粘土や紙粘土など様々な素材を扱えるようになってきました。自分用の油粘土が嬉しくて、毎日のようにロッカーから粘土と粘土板を出してきて、何かを作るD君。こねていて、偶然に丸くなると「お団子だよ」。細長くなると「ヘビだよ」などとおしゃべりしています。

　でもここ最近、粘土遊び中にそのおしゃべりが減ったのです。動物図鑑を見ながらもくもくと動物を作っています。もしかしたら作品に自信がもてるようになり、いちいち言葉で補足する必要がなくなったのかしら。その集中して取り組む姿を見ていると、つくづく出来上がった結果が目的なのではなく、それを作っている時間が自分を表現する楽しい時間になっているのだなあ、と思うのでした。

第1章　保育内容　表現

表現

行事の際の造形表現
（お面などを例に）

行事の際のお面作りといった製作は、
表現本来のあり方を活かした活動としましょう。

見栄え
完成に欠かせない点はきちんと指導して、見て心地よい物にします。

アイデア
個々の子どもの思いつくアイデアを入れる余地をつくり、活かします。

技
技能として必要なことは教え、同時に技能の利用による思いつきを活かします。

素材
新たな素材や道具を取り入れて、造形の可能性を広げます。

根気
丁寧な作り方の見本を示しつつ、根気よく作ることを支えます。

【解説】
　例えば、節分の時のお面作りなどをどう進めればよいのでしょうか。きちんとした物にしようという意識が先立つと、保育者が一律にほとんど出来上がっているものを子どもに渡して子どもが色を塗るだけとか、一つの手順通りに作らせるということになりがちです。▶逆に、子どもに自由に任せると特にお面などは実際に使えないとか、汚くなって当人も満足しないとか、友だちから評価されないといったことが出てきたり。保護者から見て、疑問を感じる場合もあります。▶造形表現としての意義を大事にしながら、子ども自身にもクラスの友だちにも保護者にも、良い物を作れたと満足できるようにしていく必要があります。そのため、ある程度きちんとできるように指導をしながら、子どもの工夫の余地を用意し、また造形としての新たなおもしろさが生まれるような素材や作り方に導きます。

> ある新人保育者の日記

自分の作ったお面がわからない!

　保育者になって初めての節分。クラスでは、鬼のお面を作ることになりました。失敗してはいけないと思い、保育雑誌を眺めて念入りに準備。鬼の頭につける毛糸を用意し、目は雑誌に出ていた通りの形に切っておきました。その甲斐あって、子どもたちはスムーズに活動できました。ホッとしながら壁面に飾り、節分当日を待っていると……。

　1人の子が「先生、僕のお面ってどれだっけ?」と聞くのです。見ると確かにみんな同じお面……。これでは自分のお面がわからなくなってしまうのも当然です。「もう少し、子どもたちそれぞれのアイデアが活かされる余地を残しておくべきでした」と先輩に打ち明けると「最初はその加減が難しいけれどね。子どもが自由に作るとね、お面なのに自然とその子の顔に似て見えるから不思議よ」と笑うのでした。来年は、それを楽しみに指導案を作ろうと思います。

Column 1

様々な保育施設

　子ども・子育て支援新制度では、施設型給付による施設として、幼稚園と保育所と認定こども園が含まれ、地域型給付による事業として、小規模保育（定員が19名まで）、家庭的保育（定員が5名まで）、居宅訪問型保育、事業所内保育の事業が含まれます。認定こども園はさらに、従来の幼稚園と保育所を兼ねる幼保連携型認定こども園と、幼稚園と小規模の保育所を兼ねる幼稚園型、保育所と小規模の幼稚園を兼ねる保育所型などがあります。

　特に幼稚園は幼児期の学校教育を、保育所は保育を必要とする子どもの保育を、そして幼保連携型認定こども園はその両方を行います。もっとも、幼稚園は預かり保育を行うことも多いので、その点は保育所に類似してきましたし、保育所は保育所保育指針が幼稚園教育要領に近づいたので、幼児期の学校教育に準じる教育を行っています。

第2章
様々な連携

子どもの発達段階を押さえた
豊かな育ちのためには、
園の職員同士が協働して
保育を進めるとともに、
様々な人や場と連携することが
必要です。

家庭・保護者との連携

家庭での養育と園での保育は根本を共有し、連続しつつ、支え合います。

愛護
家庭での子育ても園での保育も、子どもを愛し守ることが核になります。

暮らし
家庭での暮らしが、園生活につながり、その基盤になります。

連続
家庭の生活と園の生活は連続したものです。

支援
園は家庭での子育てを助けます。

協働
園側と保護者側が一緒に、園の保育を進めていきます。

【解説】
　家庭での子育てとは、保護者が家庭という場で、子どもを愛し、子どもとの間に愛着を築き、生活を共にして育てていくものです。園もまた保育者は子どもを愛し、生活を共にするなかで成長を助け、さらに専門家として園での子どもの育ちと学びを進めていくのです。▶そこで、家庭での生活の延長線上に園の保育が成り立ち、そのうえで園は密度の濃い子どもの活動を保障します。さらに園では子育て支援についても努力します。保護者が孤立して悩んでいることも多いのです。子育ての基本をわかっている保育の専門家として助言できることは多いですし、保護者同士の接触の場を用意できます。▶逆に、保護者からの協力を得ることで園の保育を豊かにできます。特に保育園では保護者の時間は限られているので、多くはできないにしても、園で子どもがしっかりと育っていることやその様子を示し、信頼を得るなかで助けてもらえることも増えるでしょう。

> **ある新人保育者の日記**
>
> ## 連絡帳の"ぐち"も大切な情報に！？

連絡帳を読むことが楽しみな毎日。でも、時々お姑さんのぐちや、夫婦げんかのことまで書いてあり、「こんなこと私に言われてもねえ……」と困ってしまうことがあります。先輩に、「子育て相談ならともかく、嫁姑バトルを連絡帳に書かれても……。どう対応したらいいのでしょう？」と聞いてみました。

「連絡帳には、家での楽しいエピソードもあるけれど、それ以外にもぐちや家族の悩み、夫婦での意見の食い違いなどいろいろ書かれるわね。一見保育とは関係のなさそうな日常の様子だけれど、実はその子を保育するなかで大切な情報になるのよ。守秘義務があるから、そこで知った情報は口外してはいけないけれどね」と先輩。24時間の連続した子どもの生活を知ったうえで保育をしていくことは大切なこと。家庭生活も含めた支援ができる保育者になりたいものだなと思いました。

第2章 様々な連携

地域との連携

地域にはいろいろな場があり、
様々な人が暮らしていて、その中に園があります。

センター
園は地域にあって乳幼児期の子育てと保育のセンターです。

ニーズ
園として地元の小さな子どもとその家庭のニーズにできるだけ応えていきます。

地元
地元を大切に思う気持ちが園と地域をつなぎます。

知名
園は地元に知られた存在となるように努めます。

様々な人
多岐にわたる人が地域から園へとやってきて、園の保育を支えます。

【解説】
　地域とは様々な場がそこにあり、いろいろな人がいながら、それが同じ地域であるということで緩やかにつながっている所です。そして園もまたその地域の一員です。決してその園に来ている子どもとその保護者だけにつながるのではありません。実際、卒園した人も多いでしょうし、自分が住む地域の中に園があることを気にかけている人も多いことでしょう。そのつながりをもっと深めましょう。▶同じ地域に暮らし、郷土として愛着を抱いていることがそのつながりを深めます。挨拶を互いに交わす関係になれば、地域の行事に呼ばれることもあるでしょう。園の行事にもぜひ来てもらいたいものです。時には園の保育を助けてもらえることも増えていくでしょう。▶子どもがうるさいとか邪魔であると感じられるのは子どもが不在の地域だからです。子どもも高齢者もだれもが支え合って暮らす地域となってこそ、地域を良くする仲間になれます。

> ある**新人保育者**の**日記**

地域とつながって保育が豊かに

　敬老の日が近づくと、近所のお年寄りを招いて「昔遊び大会」をします。一緒にけん玉やおはじきをしたり、あやとりをしたりするのです。遊んだ後は、一緒に給食を食べます。主に園児の祖父母を招待しますが、園児には関係のない地域のお年寄りも来園します。年々高齢化している地域のお年寄りですが、皆さんこの日をとても楽しみにしているようです。

　中には近所の農家の方もいて、お付き合いが深まると、ご厚意で大根やトマトの収穫を体験させてもらったり、タケノコ掘りをさせてもらったり……という活動に発展することもあります。お散歩に行くと、声をかけてもらい、嬉しそうに挨拶をする子どもたち。地域とのかかわりによって、園の保育内容を豊かにしてもらえるなと改めて思いました。

第2章　様々な連携

同僚同士の連携

同じ園の同僚として、互いに協力し
助け合い学び合って、保育を良くします。

縁
縁があって同じ園に勤めることになった同志として、縁を大切にします。

目的
保育者は共に、子どもを育てる大きな目的と子どもの良さを高めるという目標をもちます。

一緒
毎日の保育の展開を共にやっていく仲間です。

支え合い
お互いにできるところを受け持ちつつ、補い合い、助け合います。

リード
先輩や経験のある保育者がリーダーとなり、園全体をまとめ、同僚性を広げます。

【解説】
　園の同僚というのはたまたまそうなった関係です。とはいえ、縁あって同じ園に勤務したわけですから、その縁を大事に、同僚として助け合い、園の保育がより良いものになるよう進めていきましょう。お互い人間として、でこぼこがあり、良いところばかりのはずもありません。でも、それを補い合うのが同僚です。▶日々の保育は進めるしかなく、それは休めない仕事です。最上というわけにはなかなかいかなくても、ある程度の水準を保ち、そのうえで保育を良くしていくのです。そのために、同僚同士の援助や助言は貴重です。上からの指示や指導ばかりではなく、支え合い教え合い学び合う関係としていきます。▶1つの園で共に保育の良さを求めるからこそ協働できます。そこに園長や主任やベテランの保育者がリーダーシップを発揮し、同僚としての高め合いを支え、進めてもらえるとよいのです。

> ある**新人保育者**の日記

家族のように頼れる存在

　困った時にいつも頼ってしまうのは、隣のクラスの先輩保育者Bさん。適切なアドバイスをしてくれます。それから同期の保育者……。こちらはぐちを聞いてくれたり、励ましてくれたり。同僚とは、プライベートで一緒に出かけたりもします。園に就職する前は、「女性が多い職場だし、大丈夫かな」と心配していましたが、入ってみると良い仲間に恵まれて、そんな不安はあっという間に吹き飛びました。毎日朝から晩まで、家族よりも長い時間一緒に生活している同僚たち。退職してからも一生の付き合いになる人も多いようです。先生たちはみんなで園に一緒に住んでいると思っている子どももいます。「先生は、ここで寝てるの？」と聞いてきたり……。家族のように見えるのかしら。

　偶然一緒になった仲間ですが、この出会いが私を社会人として、そして保育者として成長させてくれていると思います。

（吹き出し）そんな時はこうするといいね
（吹き出し）心配しなくて大丈夫！
（吹き出し）家族みたい

第2章　様々な連携

小学校との連携

幼稚園・保育所・認定こども園などと小学校の子どもが交流して一緒の活動をする保育・授業を進めます。

好奇心
各自の好奇心からやってみたい活動を通して各々の学びが成り立つようにします。

見通し
幼児には将来の見通しを用意し、小学生は自分の活動を見直せるようにします。

遊び感覚
小学校らしい活動の型に幼児らしい遊びの感覚を入れ込み活性化します。

まね
年下が年上をまねて、年上はまねを方向づけ、一緒の活動ができるようにします。

広がり
交流で学んだ活動を園で、また小学校で展開し、広げていけるようにします。

【解説】
　幼稚園・保育所などと小学校のつながりは、子ども同士の交流と教職員の相互理解、さらにカリキュラム（指導内容）の連続などにより可能にしていきます。▶そこでは、リレーでバトンを受け渡すように、相互の力の連続が見えるようにするのです。これまでは例えば、それぞれのランナーは一生懸命走っているのに、バトンパスのところで速度を緩めて、ほとんど立ち止まったり、時にはバトンを落としたりといったことが起きがちだったと言えます。幼児期に育ってきた子どもの力を小学校教育で活かし、それを進め、高めていく土台にしていきます。▶そのため、子ども同士が交流して、互いに学び合う関係をつくり、また保育者と小学校教員が相互に学ぶようにしていくのです。子どもが相互に学び合えば、幼児は自分を高めていく先が見え、小学生はこれまでの自分の育ちが確認できて、つながりのある学びとなっていくでしょう。

ある新人保育者の日記

スムーズな進学を願って小学校との交流会

　年長組の後半になると、お散歩で近所の小学校へ行きます。あらかじめ学校に連絡をしておくと、校内に入れてくれるのです。「来年は小学生だね」と、子どもたちもウキウキ。飼っているウサギやチャボを見て帰ってくることもあるし、校舎の中を小学校の先生に案内してもらうこともあります。

　入学して和式のトイレに戸惑う、という話を聞いたことがあります。そういえば園は洋式トイレ、水道ではひねる蛇口もありません。些細な違いが大きな不安になることもあるので、小学校の先生と相談して何度か交流する機会をもちました。小学1年生と一緒に体育館でゲームをしたり歌の交換会をしたりするのです。

　手塩にかけて育てたかわいい子どもたち……。少しでも不安と戸惑いを減らし、スムーズに、そして期待いっぱいで進学できたらいいなと願うばかりです。

どうしたらいいかな?

第2章　様々な連携　67

幼稚園と保育所、認定こども園の共通性

幼稚園・保育所・認定こども園は
乳幼児相手の専門性のある保育をしています。

子ども
乳幼児の子どもを保育する施設として共通性が高いのです。

保育
幼稚園も保育所も認定こども園も愛護を核とする保育をします。

環境
園の環境の中に子どもを置いて、子どもと環境との出合いから保育を進めます。

計画
子どもが育ち学べるように、保育を計画的、意図的に進めます。

専門性
それぞれの施設の得意分野を活かし、専門性のある保育により協働することで豊かな質となります。

【解説】
　幼稚園、保育所、認定こども園も共に乳幼児を専門性をもって育てる場です。そこでは、家庭とも共通する愛護という働きによる保育を営みます。小さな子どもは大人の愛を必要とし、そのなかで守られるからこそ、成長していくのです。そのうえで、高いところを目指しての育ちを支えてもらいます。▶子どもは常に上へ伸びようとする存在であり、大人はそうした子どもの意欲を大事にし、それを学びへとつなぎます。そのためには、計画性のある保育を通して、園の環境に置かれた様々な物や人との出会いをデザインし、子どもの学びを引き出します。▶それを可能にするには保育者の高い専門性が必要です。絶えず、子どもと保育について学び、どうすれば子どもを高めていけるかを考えます。そしてそのための教材を用意し、環境を豊かなものとしていき、子ども同士の協同する関係を支え、広げていきます。

> ある新人保育者の日記

"教育"の意味、どう伝えたらよいかな

　うちの保育園であるお母さんから言われました。「私が働いているばっかりに、幼稚園に入れてあげられなくて、うちの子はかわいそう」と。私は何か違和感を感じましたが、「そんなことないですよ」と言うのが精いっぱいでした。そのことを先輩に言うと「そういうお母さんいるのよね。幼稚園では教育をしてくれて、保育園では教育をしてくれない……みたいな。でも、そうではないわよね。教育とは5領域。そこは保育園も幼稚園も一緒よね」。

　そういえば、私も養成校時代、最初は勘違いしていたな。保育園の実習の後、幼稚園に行ったら、英語や音楽などの専門の先生が来ていて「さすが、幼稚園。これが教育ね」と思ってしまった。でも園長先生に「幼稚園も保育園も、基本は一緒。環境を通して学ぶこと、5領域の視点から遊びを考えること、そういうことを指して教育と言うのですよ」って教えてもらったな。さて、「うちの子は保育園でかわいそう」なんて言う保護者には、どう伝えたらわかってもらえるのかな。

> そうなのですね

> 保育園も、教育面は幼稚園と同じ内容で行っているのですよ。5領域という視点から、しっかり活動を考えているのでご安心下さい。

Column 2
「早期教育」と「幼児教育」と「小学校教育」

　特に小学校で教えるような事柄を、小学校式の授業のようなやり方で幼児期に教えることを、知的な早期教育と呼ぶことがあります。文字や計算、またそれ以外の科目を指導することが多いようです。

　小学校入学の年齢は国際的には5歳から7歳くらいと広がっていて、いつからがふさわしいかは簡単には決められません。日本の場合には、6歳を過ぎて、4月から順次7歳になる子どもたちを対象に、クラスでの授業という時間割に沿った小学校教育を行います。

　それに対して、幼稚園・保育所・認定こども園は幼児教育として「環境を通しての保育」とか「遊びを通しての学び」を大事にしていきます。そこでは、小学校の教材に当たる物は、園の環境に置かれたすべてです。子どもはそれらの物・人にかかわり、楽しんで活動しているうちにいつの間にか様々な大事なことを学びます。その指導に当たるのが、幼稚園教諭であり、保育士という幼児教育・保育の専門家なのです。

第3章
様々なニーズに合わせた保育

子どもを取り巻く環境が変わり、
保護者が園に望むことも
変わってきています。
保育者はそれにどのように
向き合っていけばよいでしょう。

預かり保育・延長保育

預かり保育や延長保育は帰宅時間がばらばらになるので、個別の配慮が必要です。

くつろぎ
家庭的な雰囲気のなかでくつろげるようにします。

1日完結
メンバーがクラスとして固定されないので、その日の題材で活動が完結するようにします。

異年齢
異なる年齢の子どもが交じるので、それを活かします。

家庭
家庭でやっているような活動を導入します。

ニーズ
一人ひとりの帰宅時間が異なるので、そのニーズに合わせます。

【解説】
　幼稚園では預かり保育あるいは一時預かりが広がってきて、しかもかなりの人数を18時以降や夏休みなどにも預かることが増えてきました。▶保育所では11時間利用が増えて、さらに遅くまで延長保育を利用する人もいます。そうすると、子どもの疲れを考慮して、昼寝を含めて適宜体を休める必要があります。昼寝までしなくても、くつろいで休める場をつくりましょう。帰る時間が子どもによって異なるので、活動はその日に完結し、しかも短くも長くも調整できるものが向いています。異なる年齢の子どもが交じることを活かして、学び合い・教え合う関係を育てましょう。▶活動は例えば造形活動でも外遊びでもよいのですが、家庭でやりそうな「おやつ作り」とか、時に買い物なども意味があります。午前中の保育と午後の保育を担当者は相互に了解しつつ、子どもの多くが早めに帰る場合には夕方は独自の活動を用意します。

> ある新人保育者の日記

のんびりと家みたいに過ごす時間

　「延長保育の当番の時は、最後に残る子が寂しい思いをしないように配慮してね」と先輩に言われました。一緒に遊んでいた友だちが帰るなか、まだ自分のお父さんやお母さんが迎えに来ない……というのは、確かに寂しい気分になると思います。そこで私は、人数が少なくなった時には、わらべうたを歌い、スキンシップをたっぷりとるように工夫しました。「馬はと～しとし……♪」と膝の上で揺らしたり、「あし足アヒル……♪」と言いながら一緒に歩いたり。普段の保育では一対一の対応が思うようにできないので、子どもたちは嬉しそうです。リラックスしてごろんと横になる子もいます。まるで家みたいです。11時間も園で過ごす子は、もう夕方には疲れてしまうので、少しのんびりしたいのでしょう。ゆったりと過ごすこのひと時、実は私、延長保育の時間がいちばん好きなのです。

縦割り保育・異年齢保育

異年齢のクラス編成でなくても、
異年齢の交流は保育の重要な一部と捉えます。

学び合い
異なる年齢だからこそ学び合う機会となります。

思いやり
年上が年下をいたわり、時に年下も思いやりを発揮します。

暮らし
いろいろな年齢が交じることが暮らしの基本です。

穏やか
年齢が違い、好みや力も異なるので、穏やかな雰囲気を大切にします。

伸び
それぞれの子どもがそれぞれなりに伸びていくことを目指します。

【解説】
　異年齢の交流は、クラスとして異年齢編成をする場合と、クラスは同年齢編成で、しかし常に、年齢を超えた活動が組まれている場合、また子どもたちが自由に行き来している場合など、いろいろあります。異年齢の活動も同年齢の活動も両方必要なものです。▶異年齢では、年上の子どもは年下の子どもを世話し、思いやりが育つことでしょう。年下の子どもは年上の子どもに見習い、憧れが生まれ、時にやり方を教わります。年上の子どもも教えるなかで改めて気づきが生まれます。能力の違いも必ずしも年齢通りではないので、それも問題がなくなります。▶様々な年齢の人が交じり合うのが暮らしの原点です。その意味で、園の中の異年齢の子どもも互いにふれ合い親しくなる機会をつくるほうがよいのです。といって、いつも異年齢で活動するということではなく、それぞれの子どもがその子なりに伸びることができるように配慮することを目指します。

> ある**新人保育者**の日記

異年齢活動で「お兄さん」に

　園には年齢別のクラスのほかに、縦割りのグループがあります。「すみれ組のトマトグループ」というふうに呼び、グループは、3歳、4歳、5歳で共通になっています。週に2回、縦割りで活動する時間があるのですが、5歳児のM君はこの時間になるととても生き生きします。月齢の低いM君は、年齢別の活動ではどうしてもみんなについていくのが精いっぱい。でもこの縦割りクラスでは、1歳下の4歳児クラスの友だちとよく遊び、もっと小さい3歳児クラスの友だちの世話やトラブルの仲裁を張り切ってやっています。M君が急に「お兄さん」に見える瞬間です。

　この日を楽しみにしているM君は「先生、今度トマトグループの日はいつ?」と聞いてきます。「小さいお友だちに頼りにされているのね」と言うと、照れてにっこり笑うのでした。次回も楽しみね、M君。

第3章　様々なニーズに合わせた保育

乳児保育

乳児期、特に 0・1 歳の頃の保育は家庭での親子関係に似て、その子独自の保育が求められます。

生物
子どもはごく小さい生物として生きて、成長することが基本です。

人間
子どもはどんなに小さくても人間として、人間的かかわりを求めます。

愛着
大人と子どもの一対一の愛着の安定したかかわりが保育の核です。

体
体を動かし、感覚を働かせることから心が育っていき、知的関心が生まれます。

親しさ
手に取ることができたり、聞こえたりする親しい環境が乳児にとっての世界です。

【解説】

　乳児保育とは 0 歳児の保育、あるいは 0・1 歳児の保育を指すことが多いでしょう。なにより生物としての発達を基本に置く必要があります。だれもが通る発達の道筋があるのです。▶それが健全に進むには、保育者との愛着の安定した関係が必要です。それは親子関係に似て、子どもが保育者との温かい関係のなかで、安心できることと、それにより周りを探索できることを言います。愛着は一対一の丁寧な応答から育ちます。▶乳児はごく小さい時期から周りを見たり聞いたり、手を出して触ったりして、それを取り入れ、また働きかけます。感情が揺り動かされると体も同時に動き、それによって知的な理解が始まります。子どもにとっての環境はベッドの上から部屋、そして隣の部屋、外の散歩へと広がっていきます。そこに丁寧に付き合いつつ、毎日変貌し成長していく姿を大事にしましょう。

> ある**新人**保育者の日記

0歳児の初めての言葉に感激

　私の園の0歳児クラスは、担当制保育を取り入れています。担当制保育は、食事や排せつなど世話の担当が決まっているので、愛着関係をつくりやすいと思います。

　私の担当のSちゃんもある時、私がトイレに行こうとすると後を追って泣きました。「ごめんね、すぐに戻ってくるから〜」と言い、申し訳ない気持ちでトイレに行きました。そのSちゃんは、いつも私のことを目で追っているのです。また、私が休暇の時、Sちゃんが私のことを探しているようだったので、ほかの保育者が「先生（私のこと）は、お休み」と伝えてくれたそうです。そうしたら「テンテー」と初めて言葉を発したというではないですか！初めての言葉が「テンテー」とは！なんと嬉しいことでしょう。そんなエピソードに元気をもらっている幸せな毎日……。

　もしかして私のほうが、赤ちゃんに愛着形成してもらっているのかもしれません。

通園バスを使う時

通園バスも保育の場と考えましょう。

短時間
乗車時間はなるべく短くするように努めます。

安全
子どもの安全を確保し、人数の確認をきちんと行います。

意味
乗っている間、保育として子どもに意味のあることを行うようにします。

コミュニケーション
保護者との対面的なコミュニケーションをほかの手立てで補います。

専門補充
園バスでの保育はそれなりの専門的スキルをもつ人を育成したいものです。

【解説】
　少子化が進むと、定員が変わらない園なら遠くから園に通う保護者が増えます。幼稚園に限らず、保育所も次第に園バスを導入するか、駐車場を用意して、車での送り迎えを可能にするようになるでしょう。▶特に園バスで大事な点は、そこに乗っている間も園の責任であり、保育でもあるということです。子どもの安全がなにより大事ですが、そのうえで、保育として意味のある活動が成り立つようにします。▶といっても、バスの中では動き回れず、乗車時間も長短様々ですから、工夫が必要です。手遊び歌や、内容に意義のあるビデオなどが考えられます。▶担任の保育者を動員するのは片づけや教材準備などの時間が取られるため、本来は避けたいところです。できれば、それ専門のスタッフを用意し、研修を行いたいものです。担任の保育者や園長・副園長・主任などは、その本来の専門性にかかわる仕事に時間をつかえるようにしましょう。

> **ある新人保育者の日記**

バスの窓の貼り紙が好評

　通園バスは安全第一ですが、そのうえで運行時間を守るように気を遣います。困るのは連絡事項が多い日です。どうしてもバスの出発時間が遅れるのです。小さい子どもがいる保護者もいるので、待つ時間をできるだけ少なくしたい……。

　どうしたらよいか考えて、貼り紙をしてみることにしました。バス出入り口近くの窓に、保護者に伝えるべき連絡事項を書いて貼っておくのです。「年長組は、○○公園に散歩に行きました。泥んこになっています。お洗濯、よろしくお願いします」といった具合です。これは、保護者の方からも好評でした。少しでも園での様子がわかるのがありがたい、というのです。またバスの運行面から言えば、時間短縮になります。連絡事項が多くてバスが遅れるというストレスからも解放され、そこで浮いた労力を、子どもや保護者との笑顔の挨拶に代えることができました。

第3章　様々なニーズに合わせた保育

Column 3
文字や数を どう扱えばいい？

　幼児教育（幼稚園・保育所など）では、文字や数量への関心を育てます。幼児でも日常生活の中でかな文字に親しんでいます。

　自分や友だちの名前、クラスの名前などから、言葉とそれを文字に表したものが結びつき、誕生日表や名札を見て、「○○ちゃん、ってこう書くんだ」と発見している子どもを見かけます。そのように、かな文字は発音との対応がわかりやすいので、生活や遊びで接しているうちに、50音くらいは読めるようになります。書くほうが書き順などのルールが難しいため、多くは小学校に入るくらいから学び始めます。

　数なども、例えば、クラスの子どもたちの人数を数えたり、グループの人数分の画用紙をもらったりなど、数える機会は多いものです。カルタをやっても、何枚取れたかを数えます。そういう機会から次第に数の操作が身についていきます。

第4章
指導計画

様々な計画類の作成に
苦手意識をもつ人は多いようです。
何をどう捉えていったらよいのか、
考えるコツをご紹介します。

教育課程・保育課程と指導計画のつながり

教育課程・保育課程に園の基本的な目指すところを示し、指導計画とつなげます。

満足
子どもがする活動が楽しく、満足がいくように配慮します。

吸収
そこで育ち、学ぶことは何か。その活動から吸収し身につけることを考えます。

深まり
活動が充実して発展し、深まっていくようにします。

自分
子どもに与えるばかりでなく、子どもが自分からやれることを広げます。

発展
長い目で見ての育ちにつながるよう、その折々の学びを次に発展させます。

【解説】
　人が生き、成長するには、それに適した栄養素を必要とします。保育内容に示される子どもの育ちが「ねらい」であり、子どもが学び、身につけることが「内容」です。それらはいわば栄養素です。とはいえ、子どもが園において実際に栄養素に出合い、栄養素を味わい、それを求めるわけではありません。▶子どもが求めるのは料理（＝保育）です。そのおいしさであり、味わいです。だから、元気が出るのです。日々の保育それ自体は料理として子どもが体験します。保育者が腕をふるうのも料理についてです。▶しかし同時に、子どもの発達そのものは栄養素により進みます。栄養素を示すのは教育課程・保育課程や長期の指導計画の役割となります。▶そうすれば子どもの活動が深まり、満足できるばかりでなく、そこから学びが生まれ発展していきます。子ども主体の保育となっていくのです。

> ある新人保育者の日記

願い（ねらい）から活動（内容）を考える

　保育の計画にいつも悩む私。「ねらいと内容、どこからどう考えていいのかわからなくなってしまって……」と先輩に打ち明けると、先輩は「このような子どもになってほしいと思う願いを考えたらいいのよ」と教えてくれました。「ねらいは願いということですか？」「そう。今、子どもたちの様子を観察するなかで、こんなふうになってほしいな～という願いはある？」「そうですね……。ルールの存在に気づいてほしいかな。トラブルも多いので」「それなら、友だちと遊ぶなかできまりやルールの存在に気づく、というねらいが立つじゃない」「なるほど そのねらいを達成するために内容や活動を考えるのですね」。この先輩とのやりとりが、計画を考えるヒントになりました。

　活動については、子どもたちができるだけ楽しめるようなことを考えればいいのですね！　子どもたちの笑顔を思い浮かべながら、計画を立てようと思います。

願い＝ねらい　＋　そのためには 活動・内容　＝　計画

ルールや決まりの存在に気づき、守ろうとする

ドッジボールを通してルールの必要性に気づく

第4章　指導計画

子どもの姿から始める

保育は「目の前の子どもがどういう姿を示しているか」から始まり、帰着します。

活動
子どもが何をしているか、何を感じているかに注目します。

充実
子どもはその活動で充実し、満足しているか見取ります。

かかわり
子どもは何にかかわり、どう働きかけ、どう工夫しているか見取ります。

未来
子どもの今の活動は明日、来週、その先と、未来をはらんでいるのです。

由来
子どもの今の活動はどこから由来し、どう展開してきたのか考えます。

【解説】
　教育課程・保育課程は法律みたいなもので、園の保育の基本を定めています。長期の指導計画はそれを具体化したもので、年間のスケジュールの中での見通しを可能にします。短期の指導計画はさらに日々の保育の進め方を計画的にするためのものです。▶ですが、保育はいわば生き物です。毎日の毎時間の子どもの姿を捉えることが肝心です。子どもが生き生きと熱中しているか。おもしろいことをやっているか。すてきなことを見つけたか。そういうことが起きたら、それをどう認め、活かすかが保育では優先されるのです。すべて前もっての計画通りに進めることはありません。▶子どものやっていることを尊重するからこそ、子どもはさらに熱中して取り組み、その集中してかかわるところから学びが起こるのです。その学びの可能性が次の活動を呼び起こし、もっと体験を深めます。子どもの姿を時間軸において、これまでとこれからを共に見定めながら、指導計画を立て直します。

| ある新人保育者の日記 | 「子どもの姿」をねらいにつなげるヒント |

　保育記録を前に頭を抱えていると、先輩が覗いて言いました。「あら？　何を困っているの？」「はい……。保育のねらいを子どもの姿から考えようと思っているのですけれど、私の書いた『子どもの姿』を読んでも、ねらいが見えてこないんです」「それは、子どもの姿を整理して捉えられていないからではないかしら？」「え？　整理ですか？」。

　私が驚くと先輩は「そうよ、ただ、羅列的に書いても見えてこないわ。視点を整理する必要があるのよ。例えば、クラス全体としてどんな姿か、個別の姿としてはどうか、遊びも5領域に分けて見ていくと、ねらいにつながりやすい『子どもの姿』が見えるのではないかしら」「そうか！　視点の整理が大切なのですね！　ありがとうございます」。

　次につながる記録を書くというのは難しいけれど、そこが始まり！　頑張ります！

第4章 指導計画　85

指導計画を柔軟なものにする

保育の記録をとって、振り返り、指導計画を手直しするというサイクルをつくります。

見通し
先への保育の見通しを立てることが指導計画の役目です。

手直し
保育は計画をもちながらも、いつも手直しして進めていきます。

おもしろさ
子どものやっているおもしろいところや不思議なところに注目し、活かします。

盛り上がり
子どもの活動の盛り上がりをさらに続け、発展できるかどうかを検討します。

簡単に
記録は複雑にしないで、簡単にとって、すぐに使えるものにします。

【解説】
　子どもの姿を捉え、保育を良くしていくためには、その姿を記録して、吟味できるようにしておく必要があります。とはいえ、保育者は記録係としてそこにいるわけではないので、簡単なやり方を工夫します。例えば、デジタルカメラで写真を何枚も撮り、後でパソコンに取り込んで、簡単なメモをつけるといった程度のことで十分役立ちます。▶保育は確かにその場で最善を尽くそうとしてやっているわけですが、でも、別な手立てもあるかもしれません。せっかくの子どものすてきな姿をもっと伸ばしてやりたいとも思うでしょうし、記録は次にどうしていくかを考えることとセットなのです。そのヒントを得やすいようにすることが記録の目的です。▶指導計画を子どもの姿に応じて柔軟なものとして活かしつつ、同時に、教育・保育課程に立ち戻って、どうすれば子どもにとってもっとおもしろく、もっと身になる活動にできるかを考えましょう。

> ある**新人保育者**の日記

絵本の再現から劇遊びに発展

　園庭にある平均台を渡りながら「カタッ、コトッ、カタッ、コトッ」と歩く子どもたち。「トロルだ〜〜」と驚かせて、絵本の世界を再現しています。また室内ではドアをトントンと叩き、「開けておくれ、お母さんだよ」などと言っています。最近読んだ絵本の影響で、友だち同士、共通のイメージをもって楽しんでいます。

　「もっと、このやりとりを発展できたら楽しいだろうなあ〜」。そんなことをぼんやり思っていると……。あ！　ねらいが見えてきました。「この遊びを盛り上げながら、劇ごっこを楽しんだらいいんじゃないかしら!」。予定にはありませんでしたが、急遽、段ボールでドアを作ったり、ヤギのお面を作ったり……。工作と絵本の世界を合体させて、楽しい活動ができました。

振り返りと省察を進める

保育を振り返るとは、
保育についてよく考え、深めることです。

詳細
保育を詳しく振り返ることは、それだけで意味があります。

そこそこ
だれも完璧に保育をすることはできませんが、時々は上手くできるものです。

複数
複数の可能な手立てを考えてみます。

環境
保育は保育者の働きが半分、環境のあり方が半分で成り立ちます。

全員
全員がいる場では、皆が発言し、それをリーダーが位置づけて、互いの了解を図ります。

【解説】
　自分たちの保育を振り返り、検討し、改善を図る場をつくりましょう。それは1人でも2人でも園の全員が集まってでもやれることです。記録は保管するだけではなく、保育を見直すために使うのです。▶指導計画は固定するのではなく、記録による吟味を通して柔軟に変えていくものです。見直すには映像があると便利です。単に子どもの様子を捉えるだけでなく、周りの物や人の環境配置も見ておきます。そこで、保育者自身は何をしたか、何をしなかったかも振り返ってみます。そこから可能であったかもしれない手立てを見出します。▶正解が1つということはないのです。むしろ、いくつもの可能性を見つけておくと、別の機会に使えることになります。なお、園の全員が集まる時は、特に若い保育者が発言できる雰囲気を大切にして、その率直な気持ちや思いを引き出しましょう。こうすべきだと言うことはなるべく控えます。

> ある新人保育者の日記

ビデオカンファレンスで、たくさんの気づきが

　保育の様子をビデオで撮り、その様子を皆で検討し合うというカンファレンスを月に1回行っています。大学から先生が来てくださり、助言もいただきます。明日は私のクラスにビデオが入るので、緊張して保育室の整理をしていると……。「緊張することないわよ。普段の保育を見てもらったほうが、自分にとっていろいろな発見があるから」と先輩から励まされました。

　カンファレンスの日は、午前中にビデオを撮り、午睡中に集まって保育の検討をします。先輩の言うように、自分では気がつかないところがたくさん見えてきました。実は、こんなおもしろいことが起こっていたのか、こんなやりとりがあったのか……。また、自分が意識せず行っている言葉かけや、動きも客観的に見ることができました。私は今回のカンファレンスで、子どもたちの動線に少々無理があることに気がつきました。よし！　さっそく室内環境を変えてみよう！

第4章　指導計画

Column 4
園で動植物に接するわけは……

　命の教育は小さい時期から始めるべきものです。なにより「生きている」という実感がもてる相手・対象と出合い、それを大事にする体験が大切です。

　例えば、動物を飼育すること。植物を栽培すること。大事に思い、大切に育て、世話をして、時に遊んだりもするでしょう。そこに、すてきだと思う気持ちが芽生え、愛情を感じるようにもなります。

　そういった命のあるものは、自分の思うように動いたり、変わったりするわけではなく、その動植物としての生態があり、生き方があるのです。それに寄り添い、大事にすることは、大人や子どもとやりとりすることとも、物を使って遊ぶこととも違う体験です。相手を尊重していくことがなにより大事になるからです。

　しかもそこに、動物ならなついてくれたり、植物ならおもしろく、時に美しい育ち方をしてくれるので、興味が湧いて、命の実感が生まれるのです。

第5章
保育室の環境

保育室にある物は
基本的に子どもたちの物。
普段はなかなか意識が向かない
当たり前のことを、
今一度振り返ってみましょう。

保育室の環境のあり方

保育室にある物はすべて子どもが必要な時に使ってよいというのが大原則です。

使用
保育者の物や、子どもが使ってはいけない物を置かないようにします。

招待
子どもが部屋に入った時に、いろいろな遊びが招いているような空間にします。

置き場所
どこに何が置いてあるか、一目でわかるようにします。

動線
子どもが出入りする動線が遊んでいる子どもの邪魔にならない程度に、かすめるようにします。

場所
部屋の様々な場所が遊びをし、遊具を使う場でありつつ、いろいろな所で遊ぶ子ども同士が交わりもします。

【解説】
　保育室とは園庭と並んで、子どもの保育のためにある空間です。そこでは子どもは明確に禁止されていない物すべてにふれて使うことができます。その中で子どもはいろいろな場所に行き、様々な物を活用して、自分の遊びを進めることになります。▶保育室にある物は基本的にはすべて子どもが使ってよい物です。子どもが何か遊びを思いついた時、それに必要な道具や素材はすぐに使えます。いちいち保育者の許可を求めていたら、子どもの創意も自発性も育ちません。▶子どもが邪魔をされずに、遊びに集中できるためには、ほかの子どもが頻繁に行き交う場所ではなく、そこから少し外れた所が望ましいでしょう。しかし同時に、ほかの子どもやグループとそこで多少でも接触ができると、遊びが発展します。

> **ある新人保育者の日記**
>
> ## 環境を変えたら遊びが広がった！

　保育室の動線に無理があるのではないかと感じた私。ままごとコーナーを部屋の入り口にしてしまったためにそこが通り道となってしまい、落ち着いて遊べないのです。

　そこで、キッチンセットのあるままごとコーナーを入り口から少し入った所に移し、小さなゴザを敷いてそこはままごとコーナーだとわかるようにしました。ゆっくり座っても通る人の邪魔にならない場所になったので、座布団とミニテーブルを置きました。それから、ままごとコーナーと隣り合わせに病院コーナーを設置し、お母さんごっこをしながら、赤ちゃんを病院に連れて行くという展開になっても、スペース的に遊びを大きく広げることができるようにしました。

　部屋の環境を変えた翌朝、子どもたちは嬉々として遊びます。「環境を変えると、子どもたち、急に遊べるようになるのよね〜」。横から覗いた先輩もにっこりでした。

第5章　保育室の環境

保育室の掲示のあり方

誕生表や当番表などの全体掲示でも子どもの作品を見せるのでも、掲示は子どものためにあります

参加
子どもが参加して保育者と共に作ります。

自分
自分がどこを作ったかわかるようにします。

ドラマ
そこにドラマが見えるようにします。

美しさ
全体が映えるように美しく、子どもの作品もすてきに見えるようにします。

時々
その時々の子どもの活動を反映し、また活動を誘う仕掛けとなるようにします。

【解説】
　保育室の壁は部屋の中の保育を進めるのに大事な道具となります。計画的にそれを利用することで、子どもの活動を刺激し、おもしろいものにしていけます。きれいに飾ることが目的とならないように、それが子どもの活動をどのように豊かにするかを考えます。▶まず子どもが注目するようにします。そのために、子どもも壁面構成に参加し、自分がそのどこに関係したかがわかるようにするとよいでしょう。同時に、そこから子どもが次の活動へのヒントを得られるように、自身の活動の足跡が見え、今後どうするかの見通しが出てくるようにします。▶友だちの物を見て、自分も似たことをしたくなったり、すてきな作品に憧れたりすることもあるでしょう。美的なセンスを育てる場でもあるので、美しさを忘れないで構成します。▶子どもの活動にはドラマがあります。作ってきた経緯や工夫や完成の喜びがあるでしょう。それが子どもに感じられるようにするのです。

> ある新人保育者の日記

壁面に大きな川が出現!

　遠足で川遊びをして、魚を見つけたり、カニを捕まえたりした子どもたち。魚の名前を調べる子もいて、今、子どもたちは「水の中の生物」にとても興味をもっています。

　クレヨンで絵を描いている子どももいるので、壁面に大きな川を作って、そこに子どもたちの描いた水辺の生き物を貼ることにしました。「どうしたら水が流れているように見えるかな」と相談し、川は手結束用テープで表現することにしました。茶色の模造紙で岩も立体的に貼りました。「僕の魚はこの辺を泳いでいたよ」「カニはね、ここを歩いているの」。自分の描いた絵を丁寧に切り取り、思い思いの場所に貼り付けます。壁面を遠くから眺めると生物たちが生き生きと動いているように見えます。子どもたちは満足そうに、毎日登園してはそこに生き物を加え、その姿に影響されて、ほとんどの子どもが参加する大きな壁面になりました。

Column 5

保育教諭って何？

　保育教諭とは、幼保連携型認定こども園で働く保育者の職名です。幼稚園教諭と保育士の双方の免許・資格が必要です（ただし、新しい制度が始まった平成27年度からの5年間は片方だけでもよいという移行措置があります）。認定こども園が幼稚園と保育所を兼ねた1つの施設なので、そうなっています。

　満3歳未満でも3歳以上の長時間でも、あるいは3歳以上の幼稚園に該当する4時間ほどの時間においても、双方の資格をもつことが求められます。というのは、認定こども園では、保育と教育（幼児期の学校教育）を一体的に進めることが求められているからです。常に保育であり、教育でもあり、特に満3歳以上の4時間ほどの部分では学校教育でもあるからです。そこに、保育教諭独自の専門性があります。

第6章

行事

園行事は楽しいけれど
実施するのはけっこう大変。
子どもが喜ぶ行事だからこそ、
うまく進めるためのコツを
押さえていきましょう。

運動会のつくり方

運動会は子どもたちの力を出す場であり、保護者にそれを見てもらえる機会です。

お祭り
お祭りのように心が浮き立つ演出を考えます。

解放
青空の下、皆で体を動かし、心身が解放され、思い出として深く残るようにします。

チーム
団体競技はチームとして協力する機会になります。

飛躍
力を出し切るのは嬉しいことであり、次へと伸びていく飛躍の場になります。

運営
子どもたちに少しでも準備や片づけ、運営にかかわらせると、貴重な学びとなります。

【解説】
　運動会はどの園でも行います。園が一丸となって出し物を考え、練習し、発表するだけでなく、見学に来た保護者が参加するレースなどもあることでしょう。保護者からすれば滅多にない子どもの頑張る様子を見られる時で、楽しみにしています。▶子どもがそれに向けて頑張るのは良いのですが、子どもの練習時間が多くて大変とか、練習中保育者が子どもを叱りつけるといったことを聞くことがあります。そうではない指導の工夫が必要です。▶子どもの個々の力が見えるようにするだけでなく、クラスや赤組・白組などのチームとしての協力の経験をする良い機会だと捉えましょう。子どもの心身が解放され、集団としても力を発揮できて、また明日から頑張るぞと感じられる機会にします。準備や片づけにも子どもが加わると、さらに子どもの力が伸びる場となります。

> **ある新人保育者の日記**

無理をさせず、子ども自身が楽しめる行事に

　運動会でダンスを踊ることになった年長組。ダンスの音楽CDを流すと自然と集まってきて、踊り始めます。年長組は、ダンスの振りつけも子どもたちと相談しながら決めるので、みんな張り切っています。

　先輩が「盛り上がっているわね〜」と見に来ました。そしてこんなことを言いました。「運動会は、練習の加減が難しいわよね。私が新人の頃、自分自身が焦ってしまって……、練習を無理しちゃったのよね。ある日練習ができない日があって、子どもたちに『今日の練習はお休みよ』と伝えたら、みんな『やった〜』と喜んだの。ああ、子どもたち、無理していたんだな、ごめんねって反省したわ」。「先輩にもそんな苦い経験があったのですね」と私。子ども自身が楽しんで、意欲的に取り組めることがなにより大事なことなのだなと、改めて思いました。

僕やりたい！　こうしたいな！　楽しい〜

「やりたい気持ちが大事ね」

第6章　行事

遠足の考え方

遠くの山や川や海、遊園地や公園などにみんなで出かけ、遊べる機会は貴重です。

広大
園も子どもには十分広いのですが、遠足は外の広大な広がりを感じます。

世の中
世の中にはいろいろな所があり、いろいろな人がいることを実感します。

団結
多くの見知らぬ大人たちと混じり、子どもの集団としての団結を促します。

見聞
見たことや体験したことのない世界に出合い、憧れと知識を広げます。

故郷
旅行に出ると家の良さがわかるように、園の良さを感じます。

【解説】
　園から離れて、園のみんなと旅行に出る。日帰りであっても滅多にない機会です。心が浮き立ちます。行く先には、山に登ったり、海で遊んだり、遊園地で乗り物に乗ったりするなど滅多に経験できないことが待っています。▶家族で行く場合もあるでしょうが、普段の仲間の子どもたちで行けるというのが盛り上がります。園の遠足ですから、子どもが頑張ることも用意されます。クラスの仲間と一緒だから、団結して力を尽くせます。▶お弁当やおやつという楽しみもあります。遠足は、園の外もおもしろく、たくさんのことを知ることができるとわかることにつながります。自分たちは大きくなったら、きっともっといろいろなところに出て行って、すてきな経験ができるのだと思うことでしょう。▶そのうえで、園に戻ります。なんて小さな所だろう。でも、そこで遊び出すと、いつものように園がすてきな遊びの場所になるのです。

> ある新人保育者の日記

下見のポイントがたくさんあってびっくり！

　電車に乗って30分ほどの動物園に遠足に行くことになりました。今日は、その下見です。朝、クラスに行き「今日は遠足の下見に行くから、代わりに〇〇先生が来ますよ」と子どもたちに伝えると「いいなあ〜。僕たちも早く行きたい！！」と言われました。

　先輩に「下見に行ってきます。でも、下見の経験は初めてなので、ポイントを教えてください」と言うと、「まず危険場所、それからトイレや水道の場所、お弁当はどこで食べられるかなどの休憩場所、緊急の時の避難場所、最後に交通事情かな。あとは、遠足のねらいに合わせて、スケジュールを考えてみてね。動物園の中は広いから、移動にかかる時間も計っておくといいわよ」……。ずいぶんたくさんポイントがあって驚きました。子どもたちの見聞を広げながら、安全で楽しい遠足にするためには、しっかりと下見をすることも必要なのですね。

第6章　行事

作品展・発表会を協同的学びにつなげる

作品展や生活発表会を、子どもたちがグループの協同的な活動の発表の場となるようにします。

主役
一人ひとりが主役になり、注目してもらえるようにします。

観客
いろいろな人に自分たちの発表を見てもらい、嬉しさを感じられるようにします。

目的
作品や劇を協同で作るために、目的を具体化して、それを目指します。

工夫
イメージした物にしていくために、工夫をたくさんしていきます。

持続
粘り強く取り組むからこそ、良い物になると子どももわかります。

【解説】
　作品展や生活発表会といった名称はいろいろですが、子どもたちが日頃から作っている作品を発表したり、改めてグループで製作活動をしたりして、それを保護者や年下の子どもなどに見せるという行事があります。▶その機会をつかって、「協同的な学びの活動」とすることも増えてきました。そこでは、子どもたちが何を作って見てもらいたいか、お祭りのようなものなら何で遊んでもらいたいか、を考えます。それを目的として具体的なイメージを作っていき、それを目指して、物を作ります。▶遊園地の中に「おばけやしき」を作るとか、劇を作って演じるとか、大きな街を作るなどです。それには何日も時間を要しますし、様々な工夫も必要になります。子どもたちの協力する力と工夫する力を伸ばす絶好の機会となるのです。▶自分たちが力いっぱい頑張ったものが園のほかの子どもや親に見てもらえると、やって良かったと本当に思えます。

> ある**新人**保育者の日記

知恵と力を合わせて動物園作り

　遠足で行った動物園を年中組のみんなで表現することになりました。紙粘土でそれぞれの子どもが好きな動物を作って、それらを動物園のように構成するのです。柵や檻は、園庭から拾ってきた小枝で作りました。子どもたちが歩いた道は、絵の具で描きました。

　賑やかな動物園になり満足そうに眺めていると、先輩がやってきました。「すてきな動物園になったわね」と言われて嬉しくなり、「はい！　個々に作っていた物が、私が手伝いながらも一つの作品としてまとまって良かったです」。私が言うと、先輩はその後の見通しも教えてくれました。「5歳児クラスになると、最初からこんな物を作りたいと言って話し合い、設計図や工程表などを作って、目的に向かって意識的に作り上げていく、ということができるようになるわ」。わあ、そうなのですね。今後の成長が楽しみです。

入園式・卒園式を意味のある行事にする

入園式と卒園式は子どもを園が引き受け、また送り出す最も重要な儀式です。

背伸び
儀式でしっかりとしなくてはならないと精一杯努力します。

区切り
大きな区切りがあることで、園生活の良さが明確になります。

懐かしさ
これまでの楽しいことを振り返り、懐かしさを感じます。

保護者
保護者と園が一体となる機会です。

責任
園として子どもを引き受け、また送り出す責任を明示します。

【解説】
　入園式は入園してくる子どもを園として引き受けるための儀式です。卒園式は園で数年を過ごした子どもが小学校に向けて出て行く際の儀式です。園に入り、出て行く区切りになります。▶そこでは、なんとなくではなく、印象が明確に残る場が必要になります。といって、あまりに堅苦しく、たくさんの練習が必要なものだと、子どもが辛くなるので、保育者側の手際の良さが必要です。▶入園式ではこれからの園生活への期待を育て、卒園式ではこれまでの園での育ちを確認し、そして小学校へと自信をもって進むための最後の機会とします。▶保護者も全員参加する時なので、園として子どもを引き受ける責任を明らかにし、安心して信頼してもらう機会でもあります。子どもたちを祝い、その旅立ちを華やかで厳粛に彩ります。この園にいられて良かったなと子どもも保護者もそして保育者自身も思えるようにしたいものです。

> **ある新人保育者の日記**

卒園に向けて保育者も子どもも心の準備

　明日は卒園式です。卒園証書と共に、園長先生から手作りのアルバムを手渡します。アルバムは担任が作りますが、保護者からもメッセージをもらい、一緒に卒園を喜びます。中に入れる写真は一人ひとり違い、それぞれ思い出のシーンを、月ごとにコメントと共に貼り、園生活を振り返るのです。手作りのアルバムを用意するのは年長組の担任にとって大変な作業ですが、子どもたちとのこれまでの生活を振り返りながら行うことで、「送り出すための心の準備」になるような気がします。

　明日のために、ホールの壁面には、子どもたちが描いた絵を飾りました。大きな木の周りに、それぞれ自分が遊ぶ姿を描いたものです。園でいちばん楽しかったことを、懐かしく思い出しながら、卒園していってほしいなと思います。

第6章　行事

Column 6

感性を豊かにするには

　幼児期の教育は幼稚園、保育所、認定こども園を問わず、「感性の教育」なのだと言えます。子どもは周りの人や物とかかわって、やりとりをし、そこで、感じたり考えたりします。

　そこから生まれるものが子どもの遊びとそこでの学びです。その学びとは、子どもの感じる心の育ちです。子どもは体をつかい、感情が揺れ動き、そこで工夫したり、作り出したり、見聞きして、多くのことを得ていきます。

　でも、乳幼児期は小学生のように、明確に何かを学んだとか、わからないから考えるという自覚はまだ少ないのです。そういった感性の育ちは、身近な環境に置かれた物やそこにいる人と子どもが多種多様なかかわりをすることを通して豊かになります。

　環境を豊かにして、子どものかかわりを多様にし、そのかかわり方が発展し続けるようにしていくことが幼児教育の要なのです。

第7章
保育者が出合う問題

自分の保育の振り返り？
気になる子への対応？
皆さんの日常のなかにある
「うーん、どうしよう」の
問題をクリアして、
明日の保育を実りあるものに
していきましょう。

保育者の働きかけ

保育者が子どもに働きかけることが
保育の基本中の基本です。

周り
周りにある物への関心を子どもが示したら、それを拾い上げ、活動として発展できるようにします。

簡潔
なるべく短い表現（言葉や態度）で働きかけます。

やりとり
子どもとのやりとりを広げていきます。

全身
身振りや表情も、対話に含まれます。

感情
驚きや喜びや感嘆といった感情を込め、ただし注意をする時は中立的にします。

【解説】
　保育者が子どもに働きかけるということは、環境の設定と共に、保育の基本中の基本です。とはいえ、その難しさが保育を専門的な仕事にしているのです。▶それは一方的に話すだけでは、子どもがそれを聞いて、学んでくれるということがないからです。そのような時、子どもは聞いているように見えても、その言葉は頭の上を素通りしています。言葉を聞かないか、聞いても言葉の意味をちゃんと考えない習慣をつけかねません。▶必要なことは対話です。子どもとやりとりをすることです。それはまず、子どもが興味をもち、注目している点に目を向けるところから始まります。どこがおもしろいのか、どこに戸惑っているかを推察し、それを巡って、言葉をかけたり、物に一緒にかかわったりします。すてきなことなら「すごい」と共感し、困っているようなら「どうしたらよいだろうね」と一緒に考え、実際にどうしようもないようなら手伝います。▶保育者が子どもと行う対話とは、言葉も表情も感情も含めて、また周りにある物や人を含めて全身で行うことであり、それを持続させるのです。

> ある新人保育者の日記

実習生の姿から、働きかけを再認識

　今日は、実習生が来ました。よく遊んでいる子どもたちのところに行き「何して遊んでいるの〜？」と声をかけています。私は「集中して遊んでいる子どもには、敢えて声をかけなくていいですよ」と助言しました。

　実習生は「何か子どもたちに話しかけていないと不安になってしまって……」と言います。「何をして遊んでいるのかは、よく観察してみてね。そして何か遊びに必要な物があるように思えたり、困っているようなことがあるようだったら、さりげなく援助してくださいね」と伝えました。「あっ、でも遊びが見つけられなくて、暇つぶしのようにふらふらしている子どもには、声をかけて好きな遊びに誘ってね」と加えて伝えました。

　私も実習生時代の失敗を懐かしく思い出し、こんなふうに助言できるなんて少しは成長したのかな、と思うのでした。

保育者の声の出し方

保育者は子どもに対して気持ちを込め、誘いかけるような声の出し方をしましょう。

気持ち
気持ちや感情を込めた声を出すようにします。

応答
子どもの声に合わせて、声の出し方で応じていきます。

焦点
特定の子どもに向けて声を出すように心がけます。

反響
自分の体に響き、また部屋に響くように声を出すようにします。

変化
その都度、声の大小や高低や感情の度合いなどを、変えます。

【解説】
　保育者の声がよく通らなかったり、逆にがなり声やキンキンする声になっていることがあります。そうすると、子どもには聞こえなかったり、聞こえていても意味が理解できなかったりします。▶「静かに！」と怒鳴るのは、むしろ大きな声を出す手本を示しているようなものです。その場では静かになっても、保育者がいなくなればまた騒ぎます。▶保育者は、むしろ静かでふくよかに響く声を出すように努めます。すると、相手に届く声に変わります。時に大きな声で、時にむしろ意識して小さな声を出します。感情を深く込めた言い方や穏やかでさりげない言い方の時もあると、メリハリが出て、子どもが注目するようになります。▶クラスの前で皆に話しているとしても、一人ひとりの子どもの顔を見て、目と目を合わせて、その子どもに語りかけ、また別な子どもに語りかけるという具合にすると、子どもは自分に話しかけてくれていると思えます。

ある新人保育者の日記

保育中の大きな声は逆効果

　ある日、保育で喉をつかいすぎたのか、ガラガラ声になってしまった私。「大きな声を出しすぎて喉が痛いです」と先輩に言うと、「そんなに大きな声を出さなくても、子どもたちはちゃんと聞いてくれるわよ」と言われました。先輩のクラスを覗いてみると、確かにだれも大きな声を出していない……。どうしてだろう、と不思議に思っていると、先輩が言いました。「声を張り上げるとね、それが習慣になって、その声に負けないように、みんなの声がどんどん大きくなるのよ。でも大きな声を出さなくても聞こえる環境では、自然と全体の音が小さくなっていくわ。だから、私は敢えて大きな声を出さないようにしているの。後ろまで聞こえなかったら、話したい人が、近くに行って話せばいいのよね」。なるほど！　小さな声でもちゃんと聞こえる空間……。まずは保育者の意識から変えなければいけませんね。

気になる子どもへの対応

気になる子どもへの対応は、一人ひとりの子どもについて、みんなで一緒に考えるようにしましょう。

専門性
発達障害と保育の両方がわかる専門家を探し、アドバイスを受けます。

連携
保育者一人で悩まず、園全体で、そして保護者と共に考えていきます。

個別
発達障害の分類を参考として、その子に合った対応を探し、試します。

安心
園に安心していられるようにするところから保育の仕事になります。

技能
その時々にどう振る舞うかの技能を、その子どもの未来が開かれることを目指して指導します。

【解説】
　だれが取り組んでも、発達障害またそれに近い行動をとる子どもへの対応は難しいのです。その子の保育をほかの多くの子どもと一緒に行うのは経験豊富な保育者でも大変です。▶基本となることは、保護者と一緒に子どもを育てるという姿勢です。子どもの育ちへの責任は、担任一人でも親だけでもないのです。発達障害といった分類が当てはめられそうであっても、実際には子どもの症状や傾向は様々で、一人ひとり異なるものです。ですから、その子に合った対応をいろいろと試してみながら、効果のありそうな方法を探していく必要があります。▶その意味で、個別配慮と個別指導は欠かすことはできません。なによりゆったりと落ち着き、安心して園にいられるようにするところから保育は始まり、その子の成長が進みます。保育者はその場所を確保し、安心できる相手となるように努め、スキル指導をしていきます。その指導から子どもの新たな活動の可能性が生まれていくことが重要です。

> ある新人保育者の日記
本人も困っているんだ……。そう思えた瞬間

　トラブルの多いS君。友だちが作った積み木の家を、わざと壊したり、小さい子が乗っている三輪車を横取りし、びゅーんと乗っていってしまったりします。毎日の対応にほとほと疲れてしまっていました。なんて意地悪な子なのだろう、そんなふうについS君に対して知らず知らずのうちに否定的な感情を抱いていました。

　ところが、ある時S君がぽつりと言うのです。「僕はね、悪い子なんだよ。だからね、お母さんは小さい頃から僕の乱暴を抑えようとして頑張って、手が痛くなっちゃったんだ」。そういえばS君のお母さん、いつも手が痛いと言って包帯を巻いている……。あ！　彼自身も困っているのだ！　きっと親子で支援を必要としている……、そう確信したのです。すぐに園長に相談し、まもなく彼は専門機関につながることができました。専門家の助言は、保護者にも保育者にも必要だと感じました。

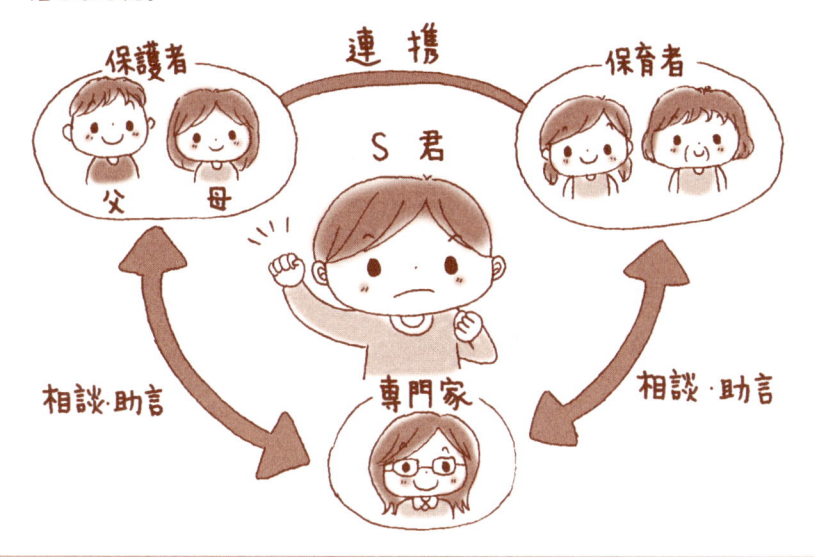

気になる子どもの保護者への対応

気になる子どもを抱える保護者とは、一緒になってその子どもの未来を考えていきましょう。

要望
今後の計画や予定や方針を語り、要望を聞き出すようにします。

希望
どの子どもも育つのだという希望をもち、語るところが始まりです。

振り返り
すでに育ち変化してきた様子を数か月単位で振り返り、そこでの記録を共有し、成長を捉えます。

エピソード
成長している事例を専門家などに語ってもらうとよいでしょう。

要説明
ほかの子どもと異なる対応・指導を行うなら、どうしてそうするかを説明します。

【解説】
　保護者と園の保育者は子どもの未来への希望を共にし、助け合い、支え合い、それぞれの場で子どもの未来をつくっていく同志です。そのことをまずは語り合いましょう。専門機関につなぐことは、そういった対応の結果なのです。▶そこでは、子どもは将来に向けて成長していくものだと保育者が確信をもって、保護者が希望をもてるように語ります。園での今の困りごとについて不満を言うことが先に立っては保護者の聞く耳は開かれません。▶今度の行事でどうするか。来週の活動ではどんなことを指導するかなど、いつでも丁寧な説明を行いましょう。ほかの子どもと異なる対応・指導を行う必要がどうしても出てきますが、その場合には、どうしてそうするかを伝えます。子どもの遊びの様子を一緒に見ながらというのもよいでしょう。その時々の対応として、何が必要だったか、何が必要になりそうかをわかってもらうように丁寧に説明します。

> ある**新人保育者**の日記

保護者に子どもの成長を伝えながら

　広汎性発達障害のM君は、見通しがつかない状態が苦手です。いつもと違うことがあると途端に不安になり、消極的になってしまいます。運動会の練習は、いつもと違う状況なので遠巻きに見る状態……。でも、昨年に比べたら大きな成長なのです。昨年は、泣いてパニックになってしまって遠巻きに見ることもできなかったからです。両親は「どうせ走らないから」と言って、昨年は運動会を休ませてしまったのでした。

　「今年は遠くからですが練習に参加していますよ。保育者に抱っこされてなら、玉入れは参加できるようになりました。今回は、ぜひM君、運動会に出席してくださいね」と声をかけました。「確実に成長しているのですね」とぽつりとつぶやくお母さん。「そうですよ、M君のペースでちゃんと成長しています。一緒に応援しましょう」と励ましました。運動会では満面の笑みで玉入れに参加、両親は涙を流していました。

> 運動会の後、数人で運動会ごっこをして遊んだのですがその時M君はなんとバトンを持って走っていましたよ!!

> まぁ!!来年はリレーにも出られるかしら

第7章　保育者が出合う問題　　115

嘘をつく子どもへの対応
（相談事例から）

よく嘘をつく子どもがいる
――その対応は子どもの問題行動全般への対応と重なります。

なんのため
嘘が何をごまかしているのか、なんのためかをよく見極めます。

信頼関係
子どもと保育者の信頼関係をつくることがなによりの基本です。

ルール
してよいことといけないことは、折にふれて明確にします。

妥協案
折り合いをつけた妥協案を一緒に作るようにもっていきます。

相互信頼
親しく信頼できる仲間がつくれるように援助し、支え合いを促します。

【解説】

「子どもが園でよく嘘をつくのですが、どうしたらよいでしょうか」――。そういった相談事例への対応を考えてみます。まず、嘘が自分のした悪いことをごまかすためなのか、単に楽しみやいたずらの程度なのか検討します。▶子どもの嘘が自分の利益の確保が主な理由であるのなら、それはかなり真剣に対応しなければなりません。周りが困っているのを喜ぶなら、いずれ自分も困るようになることを諭します。▶小さな見栄や誇張が嘘として広がったに過ぎないなら、事情をわかってやって、それはいけないことだと伝えます。嘘をつくことは、たとえそれがおもしろかったとしても、してはいけないルールとして子どもに伝えます。▶なお、正直か、嘘かだけが重要なのではなく、例えば、嘘をつかなくても自他共に得をできる選択肢を作れるようにします。嘘ではない言い方で、またお互いに嫌な気持ちにならない伝え方や自己のアピールの仕方があることをわからせます。

> ある**新人保育者の日記**

聞き方を変えたら、いたずら描きの自己申告が

　新しく買ったお気に入りのトートバッグを置いておいたら、いつの間にか油性ペンでトンボの絵が描いてあります。だれかがいたずらして描いたのです。みんなが集まった時に言いました。「先生のバッグにいたずらしてトンボの絵を描いてしまった人はだれ？」。でも、だれも手を挙げません。「黙ったままだと、嫌な気分がずっと残ると思うな」という私の促しに、「僕じゃないよ」とS君。私は閃きました！

　「先生ね、このトンボの絵、とってもすてきだと思ったの。だれかなと思って」。すると「はい！　僕だよ」とS君。そのあとS君を呼んで言いました。「トンボの絵はとてもすてきだと思ったけれど、先生のバッグじゃなくて、紙に描いてほしかったな。それから、『僕だよ』って、ちゃんと教えてくれてありがとう」と伝えると「僕、これからはちゃんと最初に言うね」とにっこり。ちゃんと言うねと言う前に、バッグに絵を描かないでね……と苦笑いしてしまいました。

見極めて対応を

（単なるいたずらか何かをごまかそうとしているのか？）

（僕じゃないよ）

第7章　保育者が出合う問題　　117

ほかの人の保育から学ぶ

他人の保育を見ることは
自分の保育のレパートリーを増やす機会と捉えます。

選択
保育には様々な方法があり、その選択肢を増やすことを心がけます。

制約
与えられた園の制約の中で保育は進められるので、その制約での工夫を見ます。

3割
保育ではいろいろな応答や働きかけをしており、そのうちうまくいくのは3割くらいと思って、その良い点に注目します。

準備
一つの保育には長い時間の経過と下準備があるので、そこに思いを及ぼします。

長期
今日の保育を、日・週・月・年単位のこれまでの経過とこれからの子どもの育ちの可能性のなかで捉えます。

【解説】

　ほかの人の保育を自分の園で、またほかの園に伺って見る機会は時々あります。その時、どれくらいのことがそこから学べるかという観点から考えましょう。▶与えられた園の枠の中で保育は進められるものです。保育者一人で好きにできるわけではなく、また保護者の要望も無視できません。そういった制約があることを理解して、その枠の中での工夫の仕方を見るようにします。▶常に保育には様々な手立てがあり、様々な可能性があり、特定の一つのやり方が正解ということはありません。選択肢のレパートリーが増えることが大事なのです。ああも考えられる、こうもできるかもしれないと広く受け入れ、考えていきましょう。▶保育は子ども相手でその都度変化します。うまくいく時も、そうでない時もあります。いろいろ工夫して、ヒットが時々あるといったものです。少し残念なところをとがめるのではなく、学べるところを探しましょう。

> ある**新人**
> **保育者**の
> **日記**

学んだ後は、できる範囲で工夫してみる！

　私の園がある地域には「見学交流会」というものがあり、ほかの園をお互いに見合う機会があります。これがとてもありがたいのです。新しいアイデアを得られたり、課題に対して「ああ！　こんなふうにすればいいのか」というヒントをもらえたりします。C園の見学に行くと、子どもたちはとてもダイナミックに遊んでいます。山の斜面を利用した遊具に登ったり、高いところから飛び降りたりしています。「うちの園ではあんなふうな遊具がないから無理だなあ……」と私がつぶやくと、一緒に見ていた先輩が言いました。「遊具はないけれど、うちの園でも工夫の余地があるかもしれないわ！　できる範囲で考えましょうよ」……。ダイナミックな遊具はないけれど、園庭の木に登れるように工夫したり、でこぼこ道をつくって、走れるようにしたり……、と少しずつ変えていけたらいいな。園長に相談してみよう。

第7章　保育者が出合う問題

著(キーワード・解説執筆)：無藤 隆

白梅学園大学教授。東京大学教育学部卒業、同大学院博士課程中退。聖心女子大学、お茶の水女子大学を経て、現職。文部科学省中央教育審議会委員。国の子ども・子育て会議の会長を務める。『保育の学校　第1巻～第3巻』(フレーベル館)、『幼児教育のデザイン』(東京大学出版会) など著書多数。

メッセージ
保育をよくするのは、子どもを見る目、環境の工夫、保育を振り返る習慣からです。みんなで一緒に成長していきましょう。

執筆＋編集協力(実践解説)：和田美香

聖心女子専門学校専任教員。保育所、幼稚園勤務、短大などの非常勤講師を経て現職。共著に『感性をひらく表現遊び』(北大路書房)、『実践保育内容シリーズ　言葉』(一藝社) ほか。本書では「ある新人保育者の日記」の執筆を担当した。

メッセージ
子どもと一緒にいる時間を楽しんでみてください。まずは、笑顔で！ 応援しています。

編集協力：こんぺいとぷらねっと
表紙・本文デザイン：ベラビスタスタジオ
表紙イラスト：池田かえる
本文イラスト：池田かえる　宮下真理　みやれいこ

これからの保育に！
毎日コツコツ役立つ 保育のコツ50

2015年7月25日　初版第1刷発行

著者　　無藤 隆

発行者　飯田聡彦

発行所　株式会社フレーベル館
　　　　〒113-9611　東京都文京区本駒込6-14-9
　　　　電話　営業　03-5395-6613　編集　03-5395-6604
　　　　振替　00190-2-19640

印　刷　株式会社リーブルテック

© MUTO Takashi 2015
禁無断転載・複写　Printed in Japan
ISBN978-4-577-81387-4
NDC376 120P 21 × 15 cm

乱丁・落丁本はお取り替え致します。
フレーベル館ホームページ：http://www.froebel-kan.co.jp